U0102243

Monet

Monet's Garden in Art

莫奈的艺术花园

[美] 黛布拉·N. 曼考夫 著

王晓龙 译

广西美术出版社

本书献给我的朋友比·汤普森

图书在版编目（CIP）数据

莫奈的艺术花园 /（美）黛布拉·N.曼考夫著；王晓龙
译. — 南宁：广西美术出版社，2019.1

书名原文: Monet's Garden in Art

ISBN 978-7-5494-1952-4

Ⅰ.①莫… Ⅱ.①黛… ②王… Ⅲ.①莫奈(Monet, Claude
1840–1926)—传记 Ⅳ.①K835.655.72

中国版本图书馆CIP数据核字（2018）第219299号

本书由Quarto英国出版集团授权广西美术出版社独家出版。
版权所有，侵权必究。

莫奈的艺术花园

著　　者	［美］黛布拉·N.曼考夫
译　　者	王晓龙
策划编辑	冯　波
责任编辑	陈曼榕
责任校对	张瑞瑶
审　　读	陈小英
装帧设计	陈　凌
排版制作	李　冰
版权编辑	韦丽华
责任印制	莫明杰
出版人	陈　明
终　　审	冯　波
出版发行	广西美术出版社
地　　址	南宁市望园路9号　530023
网　　址	www.gxfinearts.com
市 场 部	（0771）5701356
印　　刷	深圳当纳利印刷有限公司
版　　次	2019年1月第1版第1次印刷
开　　本	889 mm×1194 mm　1/16
印　　张	10.75
书　　号	ISBN 978-7-5494-1952-4
定　　价	88.00元

目 录
CONTENTS

序

《戴贝雷帽的自画像》
[Self-portrait with a
Beret] (细部)，1886年，
私人藏品。

莫奈的创作生涯漫长，但绘制的自画像却寥寥无几，这一幅被认为是他创作的第一幅自画像。画中的莫奈穿着简单，一件厚毛衣，一件蓝色工人夹克，一顶朴素的贝雷帽。艺术家把颜料涂得又薄又快，但是画中人眉头紧锁，嘴唇紧紧抿着，传递出一种深沉专注之感。在这个阶段，莫奈多次到乡村远足，找寻绘画题材。可是处在一个创作量贫乏的十年间，莫奈把主要精力投入他的花园中去。

相较于其他人，莫奈更多地将他的花园，而不是他的话语，看作理解他的绘画的钥匙。1920年，莫奈80岁生日，著名的印象派收藏家特雷维斯公爵到了吉维尼，莫奈在家门口迎接了他。老画家看上去依旧精神矍铄，仿佛是"诗人眼中年迈的样子"。特雷维斯迫切地想要参观莫奈画室里的巨幅睡莲习作，而画家打招呼的第一句话就让他又惊又喜——莫奈提了个简单的建议："今天天气不错，咱们去花园转转吧？"

莫奈谈及自己的艺术时总显得小心翼翼，而说到他的花园时，却又变得滔滔不绝。随着时间的推移，莫奈越来越喜欢侍花弄草。在阿让特伊租下第一座房子后，他张罗了一些花圃，为家园增色不少；搬到吉维尼后，他干脆修建了宏伟壮观的花园。凡到莫奈家中拜访的客人，必由主人陪同参观两个园子——缤纷的花园和宁静的水园。评论家和其他画家都说，莫奈一到花园里就仿佛换了一个人似的，一改严苛、谨慎、脾气差的公众形象，变得开朗友善、热情洋溢。他总是催促客人赶紧到花园里去，好花美丽不常开，切莫错过：春天盛开的鸢尾花，午后舒张的睡莲，炎炎夏日盛开的紫藤花……敏锐的客人察觉出，莫奈绝不仅仅是想跟他们分享花园中的良辰美景而已。莫奈的花园仿佛在无声地讲述他的艺术——美好而明晰，他无法用语言来传达。

当莫奈说起自己的艺术创作时，他变得措辞谨慎。他晚年曾对一位评论家坦言："我很怕理论。"当对方非要他说明他对当代艺术的贡献时，他简单说道："我唯一的贡献就是写生，面对瞬息万变的光影效果，把我的印象用绘画传达出来。"莫奈的创作生涯漫长而硕果累累，他一直相信自己的艺术有一个特殊的目的：面对大自然的美景，用物质的形式把自己的感觉表达出来。

莫奈热爱自然与艺术。这两种热情交织在一起，为他提供灵感。莫奈凭借敏锐的观察力，用眼睛来引导画笔。从最初为他奠定印象派画家声誉的外光画法实验，到技艺登峰造极的《巨幅睡莲图》，莫奈力求在静态的画布上捕捉阳光和环境动态的效果。手握画笔，追踪一个多变的世界——日升日落，寒来暑往——莫奈让瞬间变成了永恒，他只是扫一眼，就发现了无尽的表达。

1840年11月14日，奥斯卡-克劳德·莫奈生于巴黎，青少年时期大部分时间在安谷韦尔度过。安谷韦尔是诺曼底海岸勒阿弗尔港口北边的一个小城镇。莫奈家境并不富裕，他的父亲是做什么生意的，现在已不得而知，但可以知晓的是，他的家庭还需要收些房客来补贴家用。

小莫奈在勒阿弗尔当地的学校念书，跟随素描老师雅克·弗朗索瓦·欧查学习。他早期的作品没有留存下来，后来莫奈回忆说，他不停地画，在课本上画满了人物漫画和装饰图案。莫奈最早保留下来的素描本展示了他超常的天赋以及对自然题材的兴趣。他画的内容除轮船和当地居民素描外，还包括勒阿弗尔周边乡村的美丽景象以及植物和岩层的习作。1858年左右，莫奈经人介绍认识了海景画家欧仁·布丹，他鼓励莫奈以一种自然的方式在室外现场作画，培养自己对绘画对象在自然光线下外观的敏感。回顾自己青少年时代的绘画经历，莫奈说，与布丹一起创作，"我的眼界终于开阔了，我真正理解了自然"。

早年经历

1859年春，莫奈到巴黎学画。5月中旬抵达，参观了年度沙龙画展，这是美术学院联合举办的当代画作的官方展览。吸引莫奈的是康斯坦·特鲁瓦翁、卡米耶·柯罗、夏尔-弗朗索瓦·多比尼等风

皮埃尔·奥古斯特·雷诺阿，《莫奈在阿让特伊的花园里作画》[*Monet Painting in his Garden at Argenteuil*]，1873年，康涅狄格州哈特福德市沃兹沃斯艺术博物馆。

巴黎的年轻艺术家莫奈以城市景观为题材的作品赢得了一些声誉。但1872年，住在阿让特伊的第一个夏天，莫奈发现了近在咫尺的风景：自己的花园之美。此后的创作生涯中，莫奈都会在他的花园里找寻慰藉与灵感。

景画家的作品，他们都是巴比松派画家。巴比松是紧挨着枫丹白露森林的小村庄，巴比松派画家在此居住、创作，因此得名。巴比松派跟布丹一样，采取自然主义的绘画方式，重视微妙的光影效果，专注于室外作画，或者叫外光画法。

莫奈加入了叙伊斯学院。这是一个曾经做过模特的人经营的独立画室，与美术学院的官方项目毫无关系，既不收学费，也没有严格的课程安排。在这里，每一个学习美术的人只需要支付一小笔费用就可以加入，可以画人体模特，还可以彼此切磋画技。莫奈跟画室里的另一个成员卡米耶·毕沙罗成了朋友，两人志趣相投，一起到巴黎周边的乡间写生。

1861年，莫奈应征入伍，在巴黎的绘画学习被迫中断。他加入了一个骑兵师——佐阿夫兵团，被派驻阿尔及尔。原本应该服役5年的莫奈，因感染伤寒，1862年8月份就回家养病了。病愈后，他不想再回军队。慷慨的苏菲·勒卡德尔姑妈为莫奈付钱找人替他从军，并资助他到巴黎继续学习。为了向担忧自己前途的姑妈和父亲表示感激，莫奈同意加入更为传统的画室学习。1862年，他加入了新希腊画家夏尔·格莱尔的画室。格莱尔是一位宽容的老师，鼓励学生按照自己的兴趣来追求艺术。莫奈跟他的同学弗雷德里克·巴齐耶、皮埃尔·奥古斯特·雷诺阿、阿尔弗雷德·西斯莱一起，把时间分成两部分，一部分用于工作室内人体画，另一部分用于室外风景画。

莫奈和朋友们痴迷于当代城市题材的创作。他们在巴黎市郊画了铁路栈桥和竖着高高烟囱的工厂，真实地记录下现代化的扩张，还有不断蚕食乡村土地的工业发展。在公园里，在可以眺望城市条条街道的阳台上，他们支起画架，捕捉城市生活的精髓。用绘画来把握当下，这一共同的想法把这些风格各异的年轻人集中起来，十年之后，他们就是第一批印象派画家。1864年下半年，格莱尔的视力越来越差，加之经济状况恶化，不得不关闭了画室。莫奈就这样结束了他的正式绘画培训。

次年春天，莫奈向1865年的沙龙递交了两张大幅海景画，均被选中并参展。1866年，他的另一幅海景画在沙龙展出。但是1867年，莫奈的画，还有巴齐耶、毕沙罗、雷诺阿和西斯莱的画，都纷纷遭拒。1868年，莫奈再试身手，又一幅海景画入选。前一年遭拒的作品《花园里的女士们》（见第16页）引起了小说家埃米尔·左拉的注意。左拉壮志在胸，眼光敏锐，他当时正在写艺术评论。左拉赞扬莫奈和他的朋友们，赞扬他们勇于打破传统，不再为古典美的理想标准所束缚，而是把亲眼所见的景物精确地描绘下来。左拉对莫奈敏锐的观察力印象深刻，他敬佩莫奈"特别钟情于经人类之手打扮过的、有现代风格的自然"，并呼吁沙龙评委们给予现代生活题材在当代绘画中应有的地位。但是，随后几年，莫奈等人的作品屡次被拒，他们决定放弃官方沙龙，找寻独立的展出地点。莫奈晚年被提名为著名的法兰西学院会员，但他拒绝了这份荣誉，说："我过去一直保持独立，现在如此，将来也会如此。"

莫奈在花园中作画的兴趣，是跟他对当代生活的关注同时出现的。巴黎的杜伊勒里花园修剪得平平整整，诺曼底度假小镇圣阿德列斯的露台植物栽种得井井有条（莫奈到圣阿德列斯去看望姑妈），这些为莫奈的创作题材提供了精致的背景。莫奈的创作题材十分现代化，常常以着装时尚的男男女女为特色。从这些展现城市生活高贵优雅的画像中，左拉看出莫奈是一位拥有"精确而坦诚的眼睛"的画家，探索一种"从他生活环境来看待事物的视角"。

1871年，莫奈决定改换一下生活环境，离开了巴黎，搬到郊区的阿让特伊。在那里，莫奈找到了安宁的创作环境，家庭生活也让他很满意。他第一次照料起了自己的花园。莫奈租的房子周围是开花的灌木丛，屋后的露台上有许多五颜六色的花圃，莫奈在其中添加了盆盆鲜花。他在户外为妻儿作画。花园，作为莫奈绘画的背景，曾经用来展示都市生活的温文尔雅，现在他用来表达对温馨舒适家庭生活的感激之情。多年后，莫奈还会回忆说，在艰难困苦的日子里，花园给予他安慰，花园就像一个庇护所，在这里，他时而抚花弄草，时而在画架前精心描绘，他对自然之爱与对艺术之爱融合在一起。

移居吉维尼

1883年，莫奈搬到了吉维尼，下半生他一直住在那里。在40多年的时间里，莫奈把房子周围的土地改建成了一座花园，这座花园反映了他心目中人化的自然。吉维尼位于塞纳河谷，一边是高耸的山崖，另一边是开满鲜花的草地，这里的地形和天气多种多样。清晨的薄雾，温柔的雨露，暖和的太阳，加之生长期长、气候适宜培育花园，莫奈永远都不缺绘画题材。

花园成为莫奈艺术创造的延伸。起初，花园由孩子们帮打理。但花园里的花越来越多，面积越来越大，他雇了几名园丁在他的指导下工作。莫奈阅读最新出版的园艺书籍，就像同时代其他热心园艺的人一样，从植物名录上订购各国奇花异草的种子和球茎。

1893年，莫奈在他房子大门口的路对面购买了一块地，在那里建造了他的水景花园。池塘上漂浮着睡莲，池塘周围湿软的土地

上，垂柳、竹子和花朵蓬勃生长。

　　莫奈通过培育花园，推进了自己的艺术。他刚到吉维尼不久，广泛旅行——到诺曼底海岸，到鲁昂，到里维拉，找寻适合作画的地点，以便在画布上捕捉同一个地点、不同时间和季节光影的瞬间变化。但是，莫奈的花园长至繁茂后，他发现自己寻觅之地不在别处，就在家里。他把花圃布置得像个大型的、有生命的静物画，按照植物的色彩和高度来分组，然后静待它们自然地生长、盛开。他在强烈的自然光线下观察自然的色调，描绘花朵时，眼中所见是片片新鲜的色彩，他以纯正的颜料来绘制。水园被设计成一块"飞地"，花草树木，郁郁葱葱，池塘岸边连绵起伏，条条小径弯弯曲曲。每当清晨来临，会有一个园丁把聚在一起的睡莲疏散开，好让水中不时有些倒影，之后他会清洗剩余豆荚里积累的灰尘，再把它们松松散散地排成圈。在那儿，水随意流淌，冲散了池面的睡莲，

《莫奈在吉维尼的花园里》[Monet in his Garden at Giverny]，约1924年，私人藏品。

莫奈在吉维尼建造花园之初，并没有过高的期待："我只是想种些花草，这样在天气不好时，也不至于无物可画。"几年后，花园繁盛，花圃种得密集，按照颜色排列，仿佛调色盘上的颜料。莫奈热爱艺术，也钟情自然，他认为自己的绘画和花园之间，有深刻的相关性，二者相得益彰。

亨利·曼努埃尔，《莫奈在吉维尼的画室里》[Monet in his Studio at Giverny]，私人藏品。

莫奈用最简单的语言描述了水景花园："我一直热爱天与水、叶与花，在我的小池塘里，它们随处可见。"池面如镜，艳丽的睡莲翩然起舞，莫奈望着，陷入了漫长的沉思中。经过这样的沉思，莫奈做出了最大胆的绘画创新，也发现了最持久的创作主题。"我花了很长时间才理解了我的睡莲"，他坦言，"经过漫长时间后，突然之间，我领悟了池塘的魅力所在，我便拿起了调色板"。

悬于池上的树，飘在空中的云，在水面投下斑驳的倒影。

法国作家马塞尔·普鲁斯特从未见过莫奈的花园，在他想象中，这是一幅"生机勃勃的素描……就像调色盘已巧妙地装上所有绘画所需的和谐色调"。在追求艺术的过程中，莫奈进入了一种与自然交融的深层自我状态，从建造自己的花园开始，无限的自然效果在他面前一一展现，他则观察和描绘下来。

莫奈晚年极富创作力，他只在花园里寻求灵感。莫奈的创作追随四季的轮转。他等待春天第一朵花儿的绽放，整个夏天都忙得筋疲力尽，到了冬天便在画室里根据记忆中的盛景来完善自己的习作。

敏锐的评论家发现，莫奈在园艺方面所做的种种尝试与努力，是他艺术家身份的重要组成部分，他的艺术眼光从他对艺术的热爱中汲取力量。可当这些评论家叙说莫奈的画中所绘为"仙境"，美

得迷人、远离尘世时，莫奈却火冒三丈，他反驳说，描绘自己的花园，是"出于信仰，出于爱与谦卑"，在花园里，他与自然相处和谐，"与万物产生共鸣，全神贯注于其中"。莫奈无法想象还有什么比这花园更牢固地扎根现实，因为他深信，"身处各种现象和谐共处的层次上，就绝不会脱离现实，或者至少我们所能知晓的现实"。

《印象：日出》[Impression: Sunrise]，1872年，巴黎玛摩丹美术馆。

莫奈描绘了薄雾笼罩下，微光闪烁的平静海面上日出的景象。在第一次"匿名协会"（后来称为"印象派画展"）展览上，这幅画受到了嘲笑。莫奈随性却充满表现力的笔法在当时受到格外批评，被说成是散乱无章法，根本就没画完的作品。但是，这种短促的笔触能够捕捉到转瞬即逝的美感，成为印象派的标志性风格。

Claude Mo

第一章

家与花园

莫奈作为以现代城市景观为题材的画家受到评论界关注。1868年，在一篇发表于流行新闻报纸《事件》上的文章里，小说家兼艺术评论家埃米尔·左拉赞美莫奈是一群他称之为"现实主义者"的艺术家的领袖。据左拉所言，这群勇敢的艺术家完全按照自己亲眼所见来精确描绘这个世界，用他们的艺术来表现当代生活的精神，他们的艺术源自真实的生活经历，因此充满感染力与生命力。在这些艺术家中，左拉特别赞赏莫奈，惊叹道："这位艺术家吮吸过我们这个时代的乳汁，他对周遭环境的热爱已经显现，并还将变得更加浓烈。"

左拉没有看错。在莫奈漫长而成果丰硕的生涯中，他总是被周围的世界深深吸引，并从中获取灵感。但就在左拉那篇文章发表几年后，莫奈离开了巴黎，为家人和自己的工作找寻一个安静的居所。19世纪70年代对莫奈而言，是充满变化和挑战的10年，郊区生活带来的家庭安全保障，为莫奈提供力量。在那动荡的几年里，莫奈租住的房子都宽敞舒适，坐火车去巴黎很方便，距离塞纳河也很近。每所房子都有花园，花园里鲜花盛开，树木繁茂，总能给予他灵感。晚年，莫奈深刻回忆了自己对这些花园的喜爱之情，说道："我年轻时，不快乐的时候，就学干园艺活儿。我能够成为一名画家，可能是拜花所赐。"离开城市后，莫奈发现了一生都给予他灵感的题材，那些郊区的花园虽不是很大，但为莫奈提供了一个栽培且自然的环境，他在此间找到了生活、工作与艺术之间微妙而必要的平衡。

《花园里的女士们》
[Women in the Garden]，
1866—1867年，巴黎奥赛
博物馆。

阳光穿过树枝，光影斑驳，洒落在地上和女子的衣服上，可以看出莫奈对自然光线的观察细致入微。他的创作对象——穿着时尚、举止优雅的女性，引得左拉赞美他是"真正的巴黎人"。虽然这幅画是在莫奈短租的房子花园里开始画的，但是画中所展现的城市精神让人觉得这是在公园里。

不稳定的时期

尽管左拉的预测信心满满，但19世纪70年代前几年，莫奈面临创作的不确定性。1868年，官方沙龙只接受了他一幅作品，接下来两年，他提交的作品均遭拒绝。1870年7月，普法战争爆发，莫奈被迫离开巴黎。9年前的1861年，他曾应征入伍，6个月后，因病返乡休养，没有再归队。现在，随着两国间新冲突的升级，莫奈害怕再次被征召入伍。1870年9月5日，莫奈弄到了护照，很快就去了伦敦。

莫奈在伦敦期间并没有创作很多作品，但是这段时间的经历却对他之后的生涯产生了强烈影响。同是艺术家的好友卡米耶·毕沙罗陪莫奈一起研习约翰·康斯特布尔和J.M.W.透纳的风景画。这两位艺术家跟莫奈观点一致：自然观察对于美学表达至关重要。在伦敦，莫奈还遇见了保罗·丢朗-吕厄。这是一位客户遍布全世界的法国经销商，他安排莫奈的作品在伦敦展出。此后，除了几次短暂中断，丢朗-吕厄的公司都是莫奈的代理商，一直到他去世为止。莫奈在国外一直待到1871年1月底，直到法国国内冲突平息。同年5月，莫奈前往荷兰并逗留了较长一段时间。秋天，莫奈返回巴黎。

这段时间也给莫奈的个人生活带来了巨大影响。1870年6月28日，他与卡米耶-莱奥妮·汤希尔结了婚。卡米耶生于里昂，长在巴黎。早在1865年，打扮时尚的卡米耶就是莫奈画中的模特了。他们第一个儿子让1867年8月8日就出生了，但当时两人尚未成婚，原因是莫奈家人的强烈反对以及经济拮据。然而，这场姗姗来迟的婚礼所带来的快乐仅仅维持了一周，就被莫奈的姑妈苏菲·勒卡德尔去世的消息冲淡了。勒卡德尔姑妈坚定不移地支持莫奈去实现自己的志向，她不仅给予莫奈资金支援，还有热情的鼓励。真是祸不单行：莫奈的挚友、画家弗雷德里克·巴齐耶在11月的一次战斗中丧生；新年年初，莫奈的父亲克劳德-阿道夫也去世了。

巴黎先后经历了普鲁士围困与巴黎公社起义。1871年秋，莫奈一回到巴黎，就看到劫后的这座城市已是伤痕累累，心中满是悲伤。拿破仑三世统治期间沿着新修的林荫大道所栽种的树木，还有过去布洛涅公园里栽种的树木，其中很多要么被砍掉，要么被烧掉了。街道上、公园里，依然可见武装冲突留下的疮痍。莫奈渴望一个更适宜的环境来安顿家人并继续追求艺术。1871年12月，他在一个名叫阿让特伊的村庄里租下了一所房子。

阿让特伊位于塞纳河右岸、巴黎的西北方，距离巴黎乘船约27.4千米。19世纪时，阿让特伊变成了受巴黎中产阶级欢迎的周末度假区。在那里，人们可以欣赏美景、休闲划船，在现代化都市郊区体验乡村生活。作家G.拉弗塞在1850年出版的《巴黎郊区的历史》中把这个地方描绘成"一个让人快乐的村庄，充满生机，特色鲜明"。不只有田园气息、怡人风景，这里到巴黎的交通也很便捷。这个在当代旅行指南中被形容为"惬意的小村庄"的小镇就在铁路沿线，一刻钟的旅程就从阿让特伊到了巴黎圣拉扎尔火车站。

静居所

莫奈甚至在普法战争爆发之前，就已经渴望有一个安静、天然的环境来循着自己的艺术眼光前进。在1868年12月的一次绘画旅行中，莫奈给巴齐耶写信说，他毫不想念城市的繁忙，坦言"我想要永远待在一个美好安静的大自然的角落里，就像我现在所在的地方一样"。在阿让特伊，城市与乡村可以兼得：此乃僻静之居所，却不远离巴黎。莫奈租住的房子距离塞纳河与火车站都很近。1872年初的几个月里，莫奈在新家安顿好家人，马上就到了绚丽的春季，鲜花盛放的花园，附近芬芳的果园，这些近在咫尺的美景给莫奈的艺术创作提供灵感。

莫奈选择了一丛盛开的丁香花作为背景，来画他在阿让特伊的第一批花园之作。这四幅画作分别是《花园》《阳光下的丁香花》《阅读者》和《丁香，天气阴沉》，画的主要内容是穿着时尚的女子在树荫下休息。但是这些画真正的主题却是光的质量和空气的影响。莫奈用微光闪烁的色调来展现春花的柔色，用短促的笔触来描绘多变的阳光。阳光穿过树枝，落到地面，光影斑驳。他观察处在自然场景里、沐浴在阳光下的人物，并记录了下来。

就在四年前，左拉宣称，莫奈是一个"真正的巴黎人"，他的风景画里充满了一种城市精神，总能看到穿着最新款式服装的绅士淑女。无论莫奈把画的背景设在城市公园还是乡村居所，都表示他更偏爱栽种的花园，而非自然的森林，这让评论家断言，"一旦自然不再带有我们道德观念的印记，莫奈马上就失去了对它的兴趣"。例如，莫奈的《花园里的女士们》（见第16页）里有三位女士，穿着飘逸的夏日礼服，左拉描述说这幅画的背景是"在一块园丁用园艺耙精心料理过的公园土地上"。这幅画里的场景是在阿弗雷城一所房子的花园里，莫奈于1866年夏天租下了这所房子，但是这幅画却是当年冬天在画室里画完的。女子优雅的服饰，还有她们专注的动作，在这幅画中是莫奈兴趣的焦点。四年后，莫奈在画丛丛丁香时，比起画中人来，他更加突出强调的是花园背景。这正如左拉所预言的那样：他"对周围环境的热爱"的确变得更加强烈了。

但是莫奈最初画的阿让特伊的花园都有一种毫无个人情感的客观性。四幅画中有三幅，莫奈的画架跟丁香之间有一定距离，把人物画得毫无特征，背景画得无法辨识。没有任何地方能够看出这是在家里还是在城郊画的，这样就很容易被当成在公园里画的。甚至一个更加私人的主题，同年夏末画的儿子让骑小马三轮车的肖像，也看不出具体的地点。这些图像都传递出一种公共空间里的私人乐土之感。在新家的第一年里，莫奈一直在探索阿让特伊的绘画可能性。除了他花园里的景象，他还画了小镇周围的田野、村子里的街道。他乘坐他的画室小舟——一条小船，有遮阳的小船舱，可以在船上作画，画在塞纳河上看到的景色。

阿让特伊的生活

1873年夏天创作的花园之作让我们能够更好地了解莫奈在阿让特伊的生活。《艺术家在阿让特伊的家》描绘了莫奈家门口的环境。左边是郁郁葱葱的树，右边是房子的正面，这就是莫奈家庭的花园休息处。画的中央是让，他背对着观看者，专心致志地玩铁

《艺术家在阿让特伊的家》［The Artist's House at Argenteuil］，1873年，芝加哥艺术博物馆。

搬到阿让特伊的第一年，莫奈既能够获得创作灵感，也能够享受天伦之乐。花园为莫奈源源不断地输送灵感。在这幅画中，让在露台上，卡米耶站在门口向外张望，莫奈画下了夏日明亮的阳光下，花园两边的鲜红花朵和清凉树荫所呈现的样子（见右下方细部）。这个场景让我们初步感受到莫奈在跟家人相处中获得的享受。

环。卡米耶站在门口的台阶顶上，穿着时髦的礼服，戴着宽边帽子，显得十分优雅。一排排红花沿着墙脚盛开，房子上面爬满了常春藤。让玩耍的露台上有一排青花瓮，里面种着葱翠的、得到精心照料的植物。虽然，画作构图非常轻松，但展示了很多物质方面的

《艺术家在阿让特伊的花园（长有大丽花的花园一角）》［*The Artist's Garden in Argenteuil (a Corner of the Garden with Dahlias)*］，1873年，华盛顿特区国家艺术馆。

大丽花盛开，有深红色的，也有淡黄色的，深深浅浅，五彩缤纷，在色彩柔和的树叶映衬下，让人感受到浓厚的夏日氛围。实际上，这幅画里的房子并非孤立于此，周围还有很多相似的房子（见第9页），但是莫奈把它们统统排除在画面外，目的是要给人加强这样一种印象：他在阿让特伊的家是一处僻静的乐土。

东西——精致的房子、衣着讲究的家人、栽培得漂漂亮亮的花园，反映出莫奈对他在阿让特伊幸福生活的感激。莫奈的花园舒适且有安全感，因而私密且让人愉悦，莫奈把它描绘成了世外桃源。在《艺术家在阿让特伊的家》中，莫奈那种典型的客观性不见了。他对于身处其中的环境表达了自己的情感态度。他绘画的角度，既不太远，也不显得高高在上，而是在同一个平面上，仿佛暗示作为家庭成员之一的他也在场——在画家和绘画题材之间建立起比之前作品更强的纽带。对莫奈而言，花园已变成一个私人的庇护所，他的艺术与生活汇聚于此。

在《午餐》中，莫奈描绘了高雅、富裕生活的乐趣之一。主题是夏日午后的一顿午餐，地点在花园的树荫下，周围是盛放的玫瑰丛。皱起的桌布，散乱的杯碟，还有吃剩下的面包、水果和奶酪，可以看出一顿简单的午餐已经结束。卡米耶和一位身份不明的女子在房子附近的花坛边漫步，让在清凉的树荫下玩积木，餐桌也在同一片树荫下。正午的阳光下，绽放的玫瑰花明亮而红艳。尽管背景是在室外，但画中的场景传递出一种室内背景的温馨亲切感，让人想到多年前莫奈在《午餐，埃特尔塔》[*The Luncheon, Etretat*]中描绘的家庭午餐。

《午餐》[*The Luncheon*]，1873年，巴黎奥赛博物馆。

通过展示近距离观察到的丰富细节，莫奈描绘了他在阿让特伊温馨生活的点点滴滴。一小口红酒还剩在酒杯里。一顶帽子悬挂在枝头，一把阳伞放在长椅上。他还传递出一个夏日午后那种怡人的感觉：火热的太阳，凉爽的树荫，还有鲜亮的花朵，让人仿佛嗅到了玫瑰花香味的空气。

这幅画是对美好家庭生活的庆祝，也反映了荷兰中产阶级生活场景对莫奈的影响。但背景花园让人想到了18世纪法国花园画里那种受保护的小天地，树荫仿佛是一方幽静宜人的乐土，隔离外界的纷纷扰扰。

　　阿让特伊的莫奈花园处处流露美感，这在另一幅作于1873年夏的作品《艺术家在阿让特伊的花园》（见第22—23页）中也能够体现出来。为获得视野开阔的远景，把房子和周围的一些树木，还有一大片华丽绽放的大丽花包括进来，莫奈把画架放在距离题材较远的位置，并且略低于题材。尽管画中在房前栅栏附近的夫妻衣着优雅，让人想到莫奈之前的城市花园作品里温文尔雅的人物，但这幅画的气氛传递出与世隔绝的宁静之感，莫奈认为这对他新的家庭生活是不可或缺的。没有他人打搅莫奈花园的平静，从这个角度看，他的房子似乎是体现了这个"怡人的小镇"的特色，正是这种独特之处使阿让特伊成为一个深受巴黎人欢迎的周末度假胜地。

　　但是，19世纪70年代，阿让特伊在不断改变。发展的工业和便捷的交通让这里经历快速的现代化，人口急剧膨胀。1873年夏，皮

爱德华·马奈，《莫奈一家在阿让特伊的花园里》[*The Monet Family in their Garden at Argenteuil*]，纽约大都会艺术博物馆。

莫奈画的风景画生机勃勃，这让马奈相信了户外写生的价值。1874年夏，马奈和雷诺阿去拜访莫奈一家，并在花园中为他们一家作画。光影在卡米耶耀眼的白裙子上闪烁。莫奈在树荫下干园艺活儿。在阿让特伊时，莫奈雇了一个园丁，但他也喜欢亲自照料花园。

埃尔·奥古斯特·雷诺阿到吉维尼拜访他的朋友莫奈，他画下了莫奈在花园里作画的场景（见第9页）。雷诺阿面对的景象与莫奈在创作《艺术家在阿让特伊的花园》（见第22—23页）时所面对的景象一致，但是他把背景环境按照自己亲眼所见的样子画了下来，密密麻麻的房子挡住了右边的视线。尽管莫奈对于把工业发展——工厂、烟囱、塞纳河沿岸的装货码头——画入画中从未有过不情愿，可是在他所绘制的阿让特伊及其周边的风景画里，他把自己的家做了理想化的处理，使之看上去并未受到城市扩张的影响，是一个家庭和平宁静的港湾。

莫奈享受郊区生活的舒适，但他同时与城市里的艺术界保持密切联系。他经常去巴黎与他的经销商丢朗-吕厄见面，并与志同道合的艺术家过从甚密。爱德华·马奈和古斯塔夫·卡耶博特在邻近的小热讷维耶有夏日住宅，莫奈也邀请其他人，比如雷诺阿和阿尔弗雷德·西斯莱，逃离城市，到阿让特伊来作画。早在1873年春，莫奈与其他画家，包括毕沙罗、雷诺阿、西斯莱和保罗·塞尚，开始探索开发一个可以替代官方沙龙的场所来展出他们作品的可能性。因对沙龙评委会限制政策的不满，也因作品屡屡被拒而懊丧，他们团结起来举办一场独立的画展。

印象派诞生

1874年4月15日，"匿名画家、雕刻家、版画家艺术协会"首次联合展览在摄影师菲利克斯·图尔纳雄的工作室举办。人们称呼菲利克斯·图尔纳雄为"纳达尔"。展览持续了一个月，这种革新的绘画风格，以户外风景画和现代生活题材为特征，评论界对此褒贬不一。在流行报纸《喧哗》上，评论家路易·勒鲁瓦发表了一篇讽刺性评论，模仿莫奈的作品《印象：日出》（见第14—15页）的名字来嘲笑莫奈，写道："印象——这我了解。我刚还自言自语，如果一个东西给了我印象，那就一定有个印象在那儿。"尽管这话是用来嘲讽的，但却给这个群体命了名，在未来的11年里，"印象派"又组织了7次展览，最后一次是在1886年举办的。

1874年夏，一个晴朗的日子，雷诺阿和马奈并排架起画架，在莫奈的花园里作画。雷诺阿把注意力都放在了卡米耶和让身上，画了《卡米耶和儿子在阿让特伊的花园里》，马奈则把莫奈也画进了画里。跟雷诺阿的画一样，马奈画中的卡米耶也是穿着时尚的夏日礼服，坐在草坪上，让摊开手脚躺在她身边。莫奈出现在画的左边部分，他专心侍弄他的花儿，旁边放着一个洒水壶。这是一幅展现家庭休闲的画作，仿佛一首赞颂郊区生活之舒适惬意的田园诗。但是，此时的莫奈已经拖欠了房租，并收到正式通知，即将被驱逐出去。

　　莫奈的艺术生涯早期一直为钱所困，他常常要向家人和朋友伸手借钱才能熬过困境。实际上，住在阿让特伊的头一年里，莫奈卖画所得的收入是很稳定的，但他似乎生性就喜欢寅吃卯粮。他和卡米耶讲究穿着，喜欢最时髦的服装。莫奈还是一个热情慷慨的东道主，给客人们丰盛的食物和上等的葡萄酒。不仅雇用了专业的园丁来听他指挥，还雇用了两个仆人和一个保姆来帮卡米耶料理家务。莫奈依靠丢朗-吕厄购买自己的作品再拿去出售取得收入，但1874年春，经销商也面临着资金困难，总是用期票或欠条的方式付款，于是莫奈发现自己手头缺现金了。

　　在马奈的帮助下，莫奈很快就在阿让特伊找到了另一处出租的房子。6月18日，他弄到了一个平房的租约。这个房子有一个花园，周围是果园，10月份便可入住。莫奈在一封信中把新家描述成"有绿色百叶窗的粉色房子"，实际上，这个房子的租金比第一个房子更高。莫奈相信通过出售画作可以弥补这个差额。但是，12月时，匿名协会因破产而解散，翌年成员们举办了拍卖会，结果也令人失望。那个夏天，莫奈又到花园里找寻灵感，他画下了坐在花圃中与散步在树下的卡米耶。1876年，卡米耶穿着浅紫色的衣服，在花园中摆好姿势，莫奈以她为模特创作了好几幅作品。画里的卡米耶如幽灵般若隐若现，在明亮色调的剑兰后面，呈现出一缕冷色。先前花园画作里能明显感受到的那种家庭幸福的气氛，如今消失不见。花园的美景依然在，只是当初幸福生活的感觉已然不在。

　　1876年，为完成百货公司老板欧内斯特·欧时狄委托的四幅装

《爱丽丝·莫奈35岁时的画像》［Portrait of Alice Monet aged 35］，巴黎玛摩丹莫奈美术馆。

1876年夏，莫奈在完成一项来自欧时狄委托的绘画任务时，认识了欧时狄的妻子爱丽丝·兰高·欧时狄。两家人走得很近。欧时狄破产后，爱丽丝向莫奈求助。作为回报，爱丽丝帮着照料身患绝症的卡米耶。卡米耶去世后，爱丽丝一直留在莫奈身边。莫奈与爱丽丝成为彼此忠实的伴侣，爱丽丝第一任丈夫去世后，两人于1892年结婚。

饰性板面油画，莫奈来到距离阿让特伊约6.4千米远的蒙日宏。莫奈在欧时狄豪华的家——罗腾堡庄园里待了几个月。他选择了些传统的题材：花园景色、打猎场景，还有一幅画的是火鸡。莫奈远离了经济压力所带来的烦恼，享受欧时狄的款待，还有他的妻子爱丽丝及六个孩子的陪伴。新年年初，莫奈暂住在巴黎的朋友卡耶博特为他租的公寓里，随后的三个月他创作了第一个系列画，画的是圣拉扎尔火车站。1877年4月，他从这些画里挑选了几幅，在印象派第三次画展上展出，巩固了他作为现代城市生活题材画家的声名。

当年晚些时候，挥霍无度的欧时狄宣布破产。失去了这位新的赞助人，莫奈的收入也大为减少，加之卡米耶的健康状况下降，境况可谓雪上加霜。1877年后几个月里，莫奈很少画画，年底时，在马奈和卡耶博特的帮助下，他和家人搬回了巴黎。莫奈的财务状况十分糟糕，导致家庭情况也困难重重。1878年3月17日，他第二个儿子米歇尔出生了。这次生育让卡米耶病情加重，她很快就卧床不起了。莫奈意识到他在阿让特伊的美好生活已经结束，无可挽回，他渴求找到另一个能够让生活与艺术和谐无间的地方。

新环境

1878年9月1日，莫奈与他的赞助人欧仁·缪雷分享了一个好消息：他又搬出城

《卡米耶·莫奈在阿让特伊房子的花园里》[Camille Monet in the Garden at the House in Argenteuil]，1876年，纽约大都会艺术博物馆。

尽管莫奈在他阿让特伊的第二所房子里一直住到1878年，但是他只有前两个夏天在花园里作画。所画的作品，比如这一幅画，卡米耶走在一条小径上，小径环绕着花园，弥漫着怀旧的气氛，仿佛莫奈清楚地意识到，他的乡村生活很快就要结束了。圆形的花园里最显眼的是剑兰，高高的茎，艳丽的花，伸向蓝天。相比之下，卡米耶的身影则显得非常脆弱。

市了。"我已扎好了帐篷，"他写道，"在维特伊塞纳河畔一个景色迷人的好地方。"维特伊位于巴黎北部约64.4千米处，是个安静的小村庄。莫奈在维特伊南边租了个房子，靠近塞纳河岸。他又精力充沛地投入工作中，画下了塞纳河与周边乡村地区的景观。维特伊尚未经历人口膨胀与工业发展。这两者曾把阿让特伊从风景如画的小村庄变成了现代化的城市郊区。尽管新的环境有助于莫奈的生活和创作，但是新的困难出现了。欧时狄陷入了绝望的困境，向莫奈求助。莫奈和家人在维特伊安顿好没多久，欧时狄和爱丽丝带着他们的六个孩子还有仆人就跟着搬了过来，这让房子里挤满了人，莫奈本就紧张的财力更加捉襟见肘。不过，爱丽丝的到来也的确是雪中送炭，因为卡米耶的病情加重，身体每况愈下。1879年9月5日，卡米耶病逝。爱丽丝给予莫奈所需的实际帮助和情感支持。随后的几个月里，爱丽丝的丈夫返回巴黎，试图挽回损失，她则留在莫奈身边。

爱丽丝操持家务，莫奈负责一大家子的生计问题。到1881年底，莫奈意识到自己无法继续住在维特伊的房子里了。在左拉的建议和帮助下，莫奈选择搬到普瓦西一处较便宜的房子里。普瓦西是一个小镇，位于塞纳河左岸，巴黎西郊外围地带。爱丽丝不顾丈夫的反对，带着孩子们跟随莫奈一起搬到了普瓦西，此后的岁月里她都陪在莫奈身边。

在1881年夏天搬家之前，莫奈给他的小儿子米歇尔和让-皮埃尔·欧时狄在花园里画了幅画（见第32—33页）。两个小男孩穿着夏天的白衣服，站在通往房子的小径上，鲜花夹道。两旁高耸的向日葵和身后陡峭的阶梯使他们在画中看上去比真人要小一些。但是，与在阿让特伊最后一个夏天创作的作品不同，那些画里的卡米耶如幽灵一般，这幅画里的男孩就像是环境的一部分一样实实在在，而不是逝去时光的幻影。莫奈痛苦地意识到他在维特伊的快乐时光转瞬即逝。离开维特伊的家，搬到普瓦西不那么舒适的环境里，莫奈渴望在家中、在花园中找回对于环境那种发自内心的喜爱。

《艺术家在维特伊的花园》[*The Artist's Garden at Vétheuil*]，
1880年，华盛顿特区国家艺术馆。

莫奈一家在风景如画的维特伊村居住了几年。1881年夏，莫奈
把花园小径两旁的向日葵画了好几遍，以观察光影的变化。这里，
米歇尔和让－皮埃尔·欧时狄在高高的花茎之间（见右图细部），
但是莫奈专注于色彩的感觉，男孩们在画中居于次要地位。

第二章

吉维尼的新家

莫奈在普瓦西从未找到家的感觉。他之所以选择住在这个拥挤的郊区，是因为这儿离巴黎近，他希望通过多在巴黎艺术界露面，多参加艺术界的活动，推进他的事业发展。另外，与维特伊相比，普瓦西能够给孩子们提供更好的教育机会。但是，这里工业化程度很高，人口密集，很快，莫奈就发现周围的环境简直让他幽闭恐惧症发作。刚搬新家还没到两个月，莫奈就开始外出旅行，找寻绘画题材，普瓦西实在是没什么东西能够激发他的艺术想象力。

莫奈的经济状况依旧糟糕透顶。他依靠丢朗-吕厄来支付外出作画的费用，但是，1882年2月，丢朗-吕厄的主要出资人之一破产了，这迫使经销商暂停了对莫奈的慷慨赞助。莫奈手头十分拮据，没有钱来供养全家，也无法继续创作有销路的画作——这是他唯一的收入来源——莫奈把裤腰带勒到最紧，但他依然拖欠了房租。1883年春，普瓦西的房子租期将至，莫奈决定再次搬家。在一封同年4月5日写给丢朗-吕厄的信中，莫奈解释了搬家的必要性。普瓦西的房子还有10天就到期了，但是莫奈却不只是要找一个暂居之地，他这样写道："如果我在某地永久定居的话，至少我能画画，并假装很有信心……明天，还有后面的日子，我都会外出搜索，直到找到合适的地方、合适的房子为止。"

《吉维尼黄鸢尾花田》
[*Field of Yellow Irises at Giverny*]（细部），1887年

左图，《克劳德·莫奈和保罗·丢朗-吕厄》[Claude Monet with Paul Durand-Ruel]，1893年，私人藏品。

只要天气允许，莫奈就会在花园里待客。在这张照片里，莫奈和他的经销商丢朗-吕厄，还有他的继女苏珊·欧时狄-巴特勒站在阳光下，苏珊身旁有一个摇篮，摇篮里是莫奈的第一个外孙吉米。他的儿子米歇尔和让、他的妻子爱丽丝等人坐在椴树下，旁边是第一画室。

乡村天堂

多年来，莫奈经常搭乘西北方向的火车，从巴黎到他的故乡勒阿弗尔。他记得沿着塞纳河谷有一些吸引人的小村庄，他决定在那儿开始寻找。他乘坐火车到韦尔农，在那儿转乘开往吉索尔的本地列车。这趟旅程中，莫奈穿过了塞纳河的支流艾普特河沿岸的平静乡村。这个地区有一种无视岁月流逝的特性，几乎未受到工业发展的影响，沼泽、草地，他沿途所见的村庄都处在田园诗般的美景之中。在这些村庄中，莫奈选择了吉维尼，这是一个不足三百居民的小村落。吉维尼看上去像一个乡村天堂，狭窄的道路，露明木架的房子，几个世纪以来都保存完好，从未改变。

吉维尼满足了莫奈的切实之需。地方小，不发达——大部分居民务农或从事家庭手工业——莫奈一家住得起。吉维尼位于巴黎西北方向约72千米处，尚未吸引郊区的通勤者以及周末外出度假的城里人。在附近的韦尔农，有很棒的学校供大一些的孩子上学，小一些的孩子可以先在乡村学校读书，等长大了再送到城里的寄宿学校去。这个地区的自然特征优美多样，北面有圆形起伏的山丘，艾普特河沿岸有低洼的沼泽地和一片片白杨树，在南面更远的地方，是

右图，《莫奈在吉维尼的花园》[Monet's Garden at Giverny]，1895年；瑞士苏黎世E. G. 比尔勒基金会[Foundation E. G. Bührle Collection]。

这是一幅花园主路的早期画作，夏末鲜花盛开，显示出莫奈偏爱丰富的植物，这些植物不规则地种植在花坛中。画布上充满了他轻快隐现的笔触，记录了对眼前景物的即时印象。

长满野鸢尾的草地，栽培的罂粟花与麦田。到韦尔农的本地火车车次有限，这使得出行不便，但是如果提前计划好，莫奈仍然可以定期去巴黎谈生意或者参加印象派每月在里奇咖啡馆的聚会。

在吉维尼南郊，莫奈为家人找到一所舒适的房子。这个地区过去被称为"榨汁工场"，这可以反映出该地区传统上是生产苹果汁的。两层楼的房子，不算很大，是当地典型的瓦房，但之前的一位房主曾在瓜德罗普岛待过一段时间，他用粉红色灰泥覆盖房子外部，百叶窗刷成灰色，让房子看上去与众不同。（莫奈把百叶窗刷成绿色，也许是为了纪念他在阿让特伊的第二所房子）莫奈跟这所房子的房主路易斯–约瑟夫·桑若签订了一份租约，根据租约，他可以立即搬进去住，并占用约10117平方米的土地，包括一座花园、一个小果园、好几个附属建筑物，外面围着一道围墙。

　　在大一点的孩子的帮助下，莫奈用画室小船把家人的行李都从普瓦西运走了。爱丽丝带着小一点的孩子坐火车离开，5月的头几周，全家人安顿下来。在莫奈动手画画之前，他着手做一些小的翻修来满足他工作的需求：把西厢房改成画室，在塞纳河岸建一个小屋来放置画室小船和其他船只，并储藏他的画架和画布。这些任务比莫奈预计的更加耗时，他在6月5日写给丢朗-吕厄的一封信中抱怨道："处理我的船可真费心。我得把它们安全地存放起来，因为塞纳河离房子还有一段距离。"其他任务也占用了他创作新画的时间，因为，正如他向经销商抱怨的那样，他要照管花园，"这件事占据了我所有的时间，我想要种植一些花草，这样天气不好的时候可以在家里画画"。

《莱顿市附近萨森海姆的郁金香花田》[Tulip Fields at Sassenheim, near Leiden]，1886年，美国马萨诸塞州威廉姆斯顿克拉克美术研究所 [Sterling and Francine Clark Art Institute, Williamstown, Massachusetts]。

1886年，莫奈到海牙旅行，看到颜色鲜亮的郁金香，按照色彩的区分分别栽种在不同的花圃，这一景象打动了莫奈。他画了5次郁金香花田，但仍感到很遗憾，艺术家能用的颜料无法模仿大自然那生动、纯正的色彩。

吉维尼花园

莫奈刚租下他的新家时，花园里没有一样东西是让他满意的。房前有数个花坛，花坛边种着修剪过的黄杨。一条宽阔的道路，名叫格朗德路，从屋子的门口一直通到围墙的大门，把一块混种着花和菜的土地一分为二，周围也都围着黄杨。路两旁交替栽种着云杉和柏树，投下来的树影遮盖了周围的花坛。还有一片苹果园，被称为"诺曼底园"。房子西边有六对椴树，门口有一对紫杉，就在格朗德路的尽头。在孩子们的帮助下，莫奈把黄杨都拔了出来，围绕墙脚栽上了花。莫奈的朋友古斯塔夫·卡耶博特也是个热心园艺的人，6月份，他来到吉维尼，贡献了一些自己的专业知识。莫奈的家庭成员被迫承担每一项任务。莫奈晚年回忆："我们都在花园里干活。我自己挖坑，栽种，除草，松土，晚上孩子们浇水。"

莫奈处理起任务来精力充沛且有耐心。他意识到，此时此刻，绘画题材只能到别处去寻。从在普瓦西时起，莫奈就把自己的艺术眼光投向外面的世界，他离开家，踏上穿越诺曼底的绘画之旅。1882年冬天，莫奈在迪耶普和普尔维耶创作，画下了雄伟的悬崖，高耸在波涛汹涌的海面上。有时，爱丽丝和孩子们会陪在他身边——1882年夏天他们到普尔维耶，1885年秋天他们到埃特尔塔——但大部分时间里，莫奈一个人外出创作。糟糕的天气吓不倒莫奈，哪怕在最恶劣的情况下，他也会在户外支起画架来创作。追求艺术成了一项繁重累人的挑战，常常让他精疲力竭。

1883年12月，雷诺阿说服莫奈跟他一起南下，到法国南部的埃斯塔克去拜访塞尚，去探索在地中海海岸作画的可能性。那里的光影效果——甚至在冬季也温暖柔和——让莫奈感到惊讶。翌年1月，莫奈再到地中海，在意大利的里维埃拉待了三个月。他在博尔迪盖拉给爱丽丝写信，分享对于这柔和的、到处弥漫的粉红光芒的喜爱之情，同时承认，这是无法描绘的。1884年3月5日，他描绘了野生的玫瑰和康乃馨，大量的花朵看上去仿佛是"受魔法控制，从地里变出来的"。置身这般优美的环境中，莫奈非常想念爱丽丝的陪伴，沉思着说："如果我们在这儿该有多开心，我们的花园该有多

《吉维尼黄色的鸢尾花》[*Field of Yellow Irises at Giverny*]，1887年，巴黎玛摩丹莫奈美术馆。

在吉维尼的头几年里，莫奈在家周围的田野和草地里找寻绘画题材。春天的沼泽地里开满了野鸢尾。莫奈全神贯注于花朵与周围环境的色彩共鸣：近处鲜亮的花朵，绿色的叶子，斑驳的蓝色阴影，相映成趣；远处是蓝色调、雾蒙蒙的山，有着绿色的山顶。

漂亮。"

在莫奈坚持不懈的努力下，他的职业声誉不断提升。1880年，他决定放弃参加印象派的第五次画展，并向官方沙龙提交了两幅作品，其中一幅被选中。他也独立展出作品。1881年，由于莫奈面临经济困难，他没能参加印象派的第六次展览，但是翌年的第七次画展有他的30幅新作，其中很多是到英吉利海峡岸边画的。不过，1886年，莫奈再次谢绝参加印象派画展，他的作品没有出现在印象派的第八次也是最后一次画展上。

尽管丢朗-吕厄自己也面临财务困难，但他依然支持莫奈的创作。1882年，经销商委托莫奈为其巴黎公寓的餐厅创作一套36幅的装饰性板面油画。完成这次委托创作的作品耗时四年，莫奈选择了花卉主题——牡丹、罂粟、水仙和菊花，灵感来源于他在自家门前种植的花卉。尽管不太情愿，莫奈还是同意丢朗-吕厄把他的作品于1886年在美国展出，那是经销商在他纽约的画廊举办的第一次印象派画展，展出了近50幅莫奈的画。结果是莫奈获得了国际赞誉，当然也获得了美国的赞助人。莫奈害怕丢朗-吕厄垄断了自己作品的经销，因此他寻求了额外的代理渠道，乔治·柏提和提奥·凡·高的画廊也展出他的画作。莫奈当时还坚持要自己定价，把跟赞助人建立关系的主动权握在自己手里。

1886年4月下旬，莫奈去海牙旅行。他停留的时间短暂，却恰逢田野里的郁金香盛开。不同花圃里是不同色彩的明艳花卉，仿佛是调色盘里的颜料。这样的景象打动了莫奈，他在萨森海姆村附近的田野里支起画架，创作了5幅画作。萨森海姆在莱顿市与哈勒姆市之间。莫奈声称大自然的色彩之丰富让他气馁，尽管他赞美"大片花田"之美，但是他也把它们看作难以逾越的挑战，"足以把可怜的画家逼疯——我们的颜料色彩少得可怜，根本无法描绘如此多彩之景"。不过，莫奈在郁金香花田里画出来的作品效果却并不像他感觉的那般不足。莫奈使用纯正的颜料，并排涂抹，就像是田里的郁金香，莫奈不仅捕捉到了天空多变的光影效果，还捕捉到了自然的光谱（见第38页）。

在荷兰，莫奈还对栽培球茎的园艺技术发生了浓厚兴趣。他得

西奥多·罗宾逊，《克劳德·莫奈在花园里》[*Claude Monet in his Garden*]，约1887年，芝加哥特拉美国艺术博物馆。

莫奈脚穿木底鞋，头戴钟形帽，在花园之中摆好姿势拍照留念。莫奈按照自己的艺术眼光来改建花园。花园建设初期，他有时跟雇佣的园丁一起干活。

知农民们为了提高球茎的质量，会在花开至全盛时，把花摘掉。后来莫奈在自己的花园里也这么做。鲜艳的花朵，一堆又一堆，丢弃在当地的运河里，在莫奈看来就像是"彩色木筏漂流在蓝天的倒影之中"。此次荷兰之行的效果立竿见影，又影响深远。在种植自己的花园时，莫奈按照颜色来区别花坛，让相同颜色的花聚集在一起，以突出色彩的单一性。之后在水园中，他再现了鲜艳花朵漂浮在微光闪烁的水面这一视觉魔术。

莫奈越来越多地设法在吉维尼附近发现创作题材。春华之美吸引了莫奈，他在果园中架起画架，描绘开花的果树。1887年，莫奈把注意力转向了附近沼泽地里生长的野鸢尾花。有限的色彩，纯色的颜料，短促而富于描绘性的笔触，莫奈使用的技法跟创作郁金香花田时使用的一样。在鸢尾花作品中，温暖的黄色鸢尾花从凉爽的绿色上升起，在模糊的紫色山丘背景映衬下，像是一条条鲜艳的彩带，在云朵点缀的天空之下，构成一片自然的美景（见第40—41页）。

莫奈还继续创作系列画，寻找当地的题材，如"白杨树"系列和"干草堆"系列。这些题材让他有机会研究光线与氛围的短暂效果，以及随时间流逝、季节交替而发生的微妙变化。

同年春天晚些时候，莫奈专注于感知自己的花园。他描绘了盛开的牡丹所绽放的鲜艳色彩，从深红色到淡粉红色。莫奈再一次运用未加调和的色调，厚重的颜料和短促的笔触，强调视觉感受，而非客观地描绘轮廓。但是，他画鸢尾花时，为了提高一条条颜色的总体效果，跟景物保持了较远的距离，画牡丹时距离却很近（见第

《春日吉维尼》[Giverny in Springtime]，1900年，私人藏品。

1900年春，莫奈从伦敦返回后，画下了他花园里盛开着花朵的苹果树。莫奈把明亮、浅色调的一组颜色和充满活力而轻飘的笔触结合起来，捕捉到了果树的新鲜、时令之美。

46页）。画作《牡丹》上，鲜亮的色调让花与叶的轮廓渐渐消失于表面涂饰的丰富图案中。翌年，莫奈画了第一幅格朗德路，画中人是爱丽丝的女儿热尔蔓，她带着许多花朵，正朝房子的方向走去。

1890年，莫奈对自己的成功充满信心，于是做了一个重大决定。在吉维尼的房子租约快到期时，莫奈没有选择搬家这个折腾烦扰的选项，他买下了房子与周围的土地。吉维尼为莫奈提供了安宁和稳定，这是莫奈在经历过维特伊和普瓦西那些动荡岁月后所梦寐以求的。他深信自己"不会再找到环境如此优美的住处了"。1890年11月，经过一番协商，莫奈以22,000法郎的价格买下了这一切。同年12月14日，他写信给丢朗-吕厄，感叹："这房子终于属于我了。"

力量之源

对于莫奈而言，吉维尼绝不仅仅是个栖身之所。它是莫奈的力量之源，帮助莫奈恢复精神。1892年春，莫奈为了创作大教堂系列，在鲁昂多待了些日子。他写给爱丽丝的信中透露了对家的想念。莫奈一天工作12个小时，一站到底，同时在9张画布上作画。"真要命，"他对爱丽丝哀叹，"想想看，我丢下一切，你，我的花园，就只为了这。"

现在土地已经属于莫奈了，他投入更多精力和金钱到花园的改造中。莫奈逐步减少了树木的数量，特别是苹果园里的苹果树，他栽种更有装饰性的、种植密度较低的日本樱花树和日本杏树，但他最热衷的还是把房子周围都种上花。格朗德路两侧都种上了莫奈精选的、最爱的花：鸢尾花、水仙花、东方罂粟、玫瑰和牡丹。莫奈摈弃了传统的按几何图形栽种、花坛边界清晰的法国花园模式，他更喜欢自由散漫的布局，花坛紧密聚集，没有清晰边界，只依靠花卉的色彩和高度来区分。莫奈用绘画的方式来栽培花园，他关注的焦点始终是视觉感受。

莫奈按照自己的设计来栽培花园，把自己的艺术眼光投射到自然上，但他以完全自发率性的方式描绘花园，作品就像早期的户外

写生一样清新直接。1895年的一幅画里画的是莫奈的继女苏珊在格朗德路上，在晚夏盛开着的大丽花和玫瑰花中间（见第37页），基于莫奈对沐浴在自然光线下的色彩短暂的印象，他对于自己的艺术与花园信奉单一的审美标准。

在爱丽丝早已分居的丈夫欧内斯特·欧时狄去世一年多以后，爱丽丝于1892年7月16日与莫奈结婚。莫奈对于房子和花园的计划，爱丽丝很少反对，但她格外喜欢格朗德路两边最初的柏树和云杉。盛夏时节，柏树枝条下垂，形成一个令人愉悦的拱形，树荫洒在小路上；云杉的深色树干为通往房子的路径确定了一个优雅的、列队行进的基调。莫奈反对保留这些树，因为它们挡住了光，他的花就照不到阳光了。他计划把树弄走。起初，莫奈尽力迁就爱丽丝，疏剪了较低的树枝，让更多的阳光照进来，然后他又进一步把树顶砍掉，让攀缘的玫瑰缠绕在裸露的树干上。在一组创作于1900—1902年、以格朗德路为题材的画作中，树木就是其中的次要

《牡丹》[Peonies]，1887年，东京国立西洋美术馆（松方藏品[Matsukata Collection]）

上面有稻草蓬保护的牡丹，成为莫奈在吉维尼自家花园里发掘的最早一批题材之一。深红色的花和周围暗蓝绿色的叶，这种对比给人一种不安定感。莫奈使用短促的笔触和粉红、橘黄来描画遮蓬，暗示上面有灿烂的阳光。三幅相似画作之一的《牡丹》，被看作一幅沐浴在自然光线中的生动的色彩习作。

《莫奈花园里的鸢尾花》
[*Irises in Monet's Garden*]，
1900年，巴黎奥赛美术馆。

莫奈偏爱蓝色和紫色的
花，种了大量的鸢尾，在
房前，鸢尾花坛聚集在一
起，排成一行又一行。莫
奈用短促的笔触和厚重的
颜料来描绘，颜料并排涂
在一起，而不是混合或者
薄涂，以接近鸢尾花天然
亮丽的色彩。一位访客称，
岸边明亮的鸢尾花看上去
像是在漂浮着，"好像阳
光下朦胧的丁香花"。

元素，从柏树枝在小路上形成的深绿色阴影和云杉树干浓艳赭红色
的、显眼的垂直高光可以看出树木的存在（见第48—49页）。但画
面的活力与美主要来自摇曳的笔触，描绘了花色之丰富：从路旁矮
花坛里马赛克般的三文鱼色和石榴石旱金莲色，到两边一排排密集
种植的鸢尾花所形成的一条条蓝色、紫色、淡紫色和紫罗兰色。

通过长时间的劳动，莫奈耐心地改造他在吉维尼的花园，使之
反映他对自然的想象。后来，花园也会反过来改造他的艺术。莫奈
对花园的热爱渗透在他所有的爱好之中。他酷爱阅读园艺主题的内
容。记者莫里斯·吉耶莫在拜访吉维尼之后说，莫奈读"园艺目录
和园艺价目表比读美学文章都多"。莫奈还结交跟他一样热衷园艺
的朋友，包括卡耶博特、小说家奥克塔夫·米尔博，还有评论家古
斯塔夫·若弗鲁瓦，并跟朋友们交换建议，也交换种子和插枝。莫
奈建了两个温室，并雇用了六个园丁，他温和地承认："我的钱都
花在花园里了。"

　　随着时间的流逝，莫奈变得不再愿意常去巴黎了。他劝说朋友们、经销商们，还有一些受到优待的赞助人到吉维尼来。他甚至减少了外出作画的次数，他跟爱丽丝坦诚说，不论走到哪里，"我的心永远都留在吉维尼"。

上图，《格朗德路》[*The Grande Allée*]，美国艺术档案馆，史密森学会，华盛顿特区。

这张林荫大道的早期照片记录的是爱丽丝偏爱的景色。这条路从大门延伸到房子，两旁绿树成荫，显得隐秘，但优雅得体，爱丽丝很喜欢。莫奈不顾爱丽丝的反对，先是剪短了树枝，然后砍掉了一些树，最后干脆把它们全部清理掉，好让自己的花儿能够照到更多阳光。

右图，《穿过吉维尼花园的主路》[*Main Path Through the Garden at Giverny*]，1902年，维也纳奥地利美景宫美术馆[*Österreichische Galerie Belvedere*]。

在这一幅画中，林荫路面朝北边的房子，莫奈画下了最初保留的树木、深色的树皮、浅色的碎石路面投有暗淡的树影。远处，灰泥的房屋正面有柔和的粉红色高光。与此相反，花园的夏日暖色调可以在明亮的倒挂金钟花朵和鲜红色的花朵上看出来，它们在烈日下显得色彩鲜艳。

第三章

水景花园

1893年2月初，莫奈在他吉维尼的家附近买了一块地。这块地约4000平方米，包括一块草地和一个小池塘，这个池塘以前是用来供家畜饮水用的。一边与铁路轨道和国王路——一条与莫奈花园前墙平行的大道相邻，另一边是溜河——一条注入艾普特河的小支流。这块地湿软如沼泽，让莫奈得以实现一个梦想，这个梦想，据他的继子让-皮埃尔说，是莫奈久藏于心的。莫奈想把这个池塘改造成水景花园，鲜艳的睡莲浮在水面，芦苇、垂柳和鸢尾花长在岸边。

莫奈为了实施自己的计划，需要让溜河改道，绕进水池，这样拥有了"源头活水"后，水池里的水就会保持新鲜。1893年3月17日，莫奈向地方政府申请，希望能够获得许可在溜河上建两个轻便的步行桥，再安装一个水槽。他声称这个水槽绝对不会影响艾普特河的水位或流量。莫奈向厄尔省省长保证，他只是单纯地想要培育睡莲。但是吉维尼的居民们对莫奈的计划深感怀疑。他们对莫奈在园艺学目录里发现的这种新奇、耐寒的杂交植物很不熟悉，他们害怕这些"异国风情"的植物会在河流中蔓延，阻塞河流，污染河水。

莫奈还在鲁昂作画时，收到消息说，他的请求遭到了拒绝。莫奈在一封写给爱丽丝的信中发泄怒火："把植物扔进河里，它们自己就会生长的。这件事情我不想再提了，我想画画。让那些当地人和工程师们都见鬼去吧。"

莫奈的请求在连续两次听证会上被提出来，1893年7月17日，

《日本桥》[The Japanese Footbridge]（细部），1899年。

左图，《日本桥》[The Japanese Bridge]，约1895年，美国艺术档案馆，史密森学会，华盛顿特区。

水景花园最早的照片，为我们了解莫奈对创作主题的实验性探索提供了一条线索。日本桥搭配上周围的景物显得优美如画，园里的植物——垂柳、竹子和鸢尾花花了好多年才渐渐种满，并把水池包围起来。这张照片拍摄的角度与莫奈创作他第一个水景花园系列时所选取的角度大体一致。

他提交了一份新的正式请求。在这份请求中，莫奈解释说他建造水景花园的唯一目的就是"赏心悦目"，尽管他也补充说还能"提供绘画的主题"。他认为对于花会污染水的担忧是多余的，特别指出芦苇、鸢尾花，甚至是某些品种的睡莲会在岸边自然生长。在莫奈看来，那些坚持声称他的计划会危害公众健康的人，他们的动机出自"恶意"，反映出一种针对巴黎人的仇外心理。最后他做出了妥协：会限制水池的再循环，直到夜晚时分，这个时候没有其他人用水了，才进行循环。为了给自己加强支持，莫奈获得了记者C.F.拉皮埃尔的帮助，拉皮埃尔曾是《鲁昂记者》的经理，在整个地区都有影响力。拉皮埃尔亲自发表了写给省长的信，措辞有力。几天后，莫奈的请求获得了准许。

接下来几个月里，雇来的工人改造了泥泞的水塘。在原有的白杨和山杨之间穿插种植了垂柳，柳条优雅地低垂在水面，使水池周围显得柔软，而且更有包围的感觉。花圃设计成圆形和弧线形，在水池岸边呈现波浪状，仿佛河流的自然流动。亚洲植物，包括日本牡丹和竹子，带给花园一种罕有的氛围，莫奈用当地植物，如石南、绣球花、杜鹃花等，与之搭配调和。第二年，睡莲成为这里的

右图，《莫奈花园里的桥》[The Bridge in Monet's Garden]，1895年，私人藏品。

1895年，莫奈开始探索水景花园作为创作主题的可能性，他在1月初创作了一幅画，夏天又创作了两幅。日本桥系列画的许多元素在这幅画里都出现了——翠绿的左岸，水中的倒影，小桥优雅的弧线，睡莲尚未覆盖池面，树木也还很稀疏，未成绿荫。

新成员。莫奈还雇用了全职园丁，专门照看水景花园。

1895年，莫奈让人在池塘西边修建了一座小型的拱形桥，桥的位置跟大门的位置都在格朗德路形成的这条轴线上，彼此呼应。之后几年，莫奈用简单的话语描述了水景花园的建造："我热爱水，我也热爱花。这就是为什么，池中注满水时，我想要用植物来装饰。于是我找来一个植物名录，不假思索就做了决定。就是这样子。"在水景花园里，莫奈探索他的艺术创作和创作题材之间最复杂的关系：作为园艺家，莫奈所塑造的元素激发了他艺术创作的灵感，而作为艺术家，莫奈把他发现的无穷无尽的自然之美表达了出来。

日本艺术的影响

1905年夏天，评论家路易·沃克塞勒到吉维尼莫奈家中拜访。下午抵达的时候，莫奈迎接了他，并急匆匆地带他去水景花园看睡莲，因为睡莲到了傍晚便会闭合。在当年12月份出版的《艺术与艺术家》里，沃克塞勒记录了这次拜访的经历。他回忆睡莲那种沉思之美："一种让人陶醉而非敬畏的环境，一种梦幻般的环境，极具东方韵味。"沃克塞勒并非唯一发觉水景花园具有东方审美特点的人。林忠麻罗是一位版画商人，跟莫奈是朋友，他坚持认为莫奈的水景花园效仿了他家乡的风格。但莫奈否认他的水景花园是仿照日本模式建造的，他表示只有步行桥是"日本类型"的。他精选的植物大都是西方的，甚至是土生土长的，但这种宁静与冥想的氛围——与色彩鲜艳、生机勃勃的花园对照鲜明——唤起了艺术与自然的完美平衡。对于莫奈这代人而言，浮世绘，这种伟大的日本传统木版画，正是这种平衡的典范。

17世纪初，德川幕府的首领德川家康统一了日本的武士阶层。在德川幕府统治下（1603—1867）的日本经历了前所未有的和平与繁荣，首都江户（今东京）成为艺术中心。在这样的先进环境里，出现了一种新的版画制作形式，一种多木板的色彩处理方法，以世俗题材为特色，迎合大众口味，而非精英品位。这就是人们所熟知的浮世绘（浮世，意为现世。浮世绘，字面意思是漂浮世界的绘画，指的是江户的寻欢作乐之所），这些版画记录下那个时代日本的全景图，包括演员和交际花等名人，以及风景如画的著名旅游景点。18世纪晚期到19世纪早期，浮世绘传统到达顶峰，这可以从喜多川歌麿、葛饰北斋、安藤广重等大师的作品中看出来。为了保护文化的纯洁性，德川幕府实施孤立主义政策，在近250年的时间里，不让日本受到任何外来影响。

1853年，通过炮舰外交，美国海军准将马修·佩里强迫日本对西方贸易敞开了大门。随后的几十年里，日本商品自由地流入欧洲和美国市场，日本人自己看作廉价商品的浮世绘，却被欧洲眼光敏锐的艺术收藏和更加超前的艺术家热切地搜寻。

安藤广重，《名所江户百景·龟户天神社内》[Inside Kameido Tenjin Shrine]，1856年，波士顿美术馆。

收藏浮世绘的法国收藏家们认为，与西方艺术家相比，日本艺术家与自然的关系更加直观。莫奈欣赏日本艺术家风景画里的美与平衡，但是他主要钦佩他们能用简洁的手段来表现地方特色。

印象派画家们被浮世绘迷住了。简单却又大胆、技艺精湛的审美特质，对于那些想要描绘自身所处时代转瞬即逝的景象的艺术家而言，这些五彩缤纷的版画引起了他们的共鸣。但是，由于缺乏对日本传统和文化的了解，西方艺术家和收藏家把日本艺术浪漫化了，认为这种艺术表明日本是一个未受西方进步文明污染的社会，因此保有最初的光泽。从木版画里素雅、宁静的风景描绘中，西方评论家看出，日本艺术家和自然有一种特殊的关系，他们认为这证明存在一种伊甸园背景下的天真无邪的感受能力。著名的、知识渊博的浮世绘经销商齐格弗里德·宾坚称日本艺术家在自然中发现了他们"唯一尊崇的老师"，同时也是他们"不竭的灵感源泉"。古斯塔夫·若弗鲁瓦同意该观点，声称"（日本的）露天生活把人和自然结合了起来"，这让日本艺术家能够发出对自然世界深沉、直觉的回应。

莫奈像他那一代人一样热爱浮世绘里的日本艺术。早在1871年去荷兰的时候，莫奈就开始购买浮世绘，到了创建水景花园时，他收集的浮世绘数量已经很可观。1893年2月1日，就在莫奈向厄尔省省长提交改道溜河申请的前几天，他到巴黎丢朗-吕厄的画廊去参观喜多川歌麿和安藤广重的版画。

让莫奈着迷的不是这些版画的背景，而是技巧。它们用富有表现力的线条和未调和的色彩这样最简练的手法捕捉到了光影和气氛变化的细微差别。浮世绘反映了莫奈渴望在一种从自然世界中获得灵感、与自然世界共鸣的状态下创作。

新作品

在水景花园栽培的最初几年，莫奈忍住没有画它，幸好还有花园可入画。他的经验告诉他，只有时间才能让一座花园的美完全展现出来，而他也需要时间来理解水景花园作为创作题材的潜力。莫奈完成了30多幅宏伟的鲁昂大教堂系列画作，要捕捉从清晨到黄昏光影效果的变化极具挑战，但这种挑战让莫奈更加相信，细致的观察对于他的艺术表达而言必不可少。他曾说："题材是次要的，我想过要画的，是存在于题材与我之间的东西。"

1894年11月，保罗·塞尚到访吉维尼，住在莫奈家附近的包迪旅馆。莫奈新的系列画之精妙，特别是"白杨树"和"鲁昂大教堂"系列，让塞尚为之惊叹。塞尚不得不承认莫奈拥有"独一无二

《睡莲》［Water Lilies］,
1897年，洛杉矶艺术博物
馆。

睡莲盛开，莫奈经过细致
的沉思，获得了灵感，于
1897 年创作了一组习作。
每一幅作品中，池水盈满
整个画面，一些睡莲，由
盘状的浮叶支撑着，轻轻
滑过池面。睡莲花瓣用的
是清晰明亮的色彩，在微
暗柔和的浮叶和周围池水
的衬托下，闪着光芒。

的眼睛与手，能够追逐落日余晖，并在画布上表现出最细微的变
化"。当年早些时候，莫奈开始创作两个较小幅系列画，他把敏锐
的目光转向本地题材——维雷港的塞纳河与韦尔农教堂，在不同的
氛围下，如薄雾、雾中，夜晚的光线下，还有阳光充足时。丢朗–吕
厄催促莫奈展出他的新作，但莫奈反复告诉他的代理商，他还没有
做好准备。莫奈最终同意举办一场个展，时间在1895年5月10日，
地点在巴黎。这次个展共展出了55件作品，其中20件代表了他的大
教堂系列，还包括精选出的塞纳河和韦尔农教堂的作品。

　　此次展览，《正义报》的出版商兼创办人乔治·克莱蒙梭打着
"一日艺术评论家"的名号公开赞美了莫奈系列画作。莫奈和克莱
蒙梭的初次见面是在19世纪60年代初，1886年两人再次联系。他们
对艺术和政治有着相同的见解，也都热爱园艺，借此建立了深厚的
友谊。克莱蒙梭曾在莫奈的画室里见过教堂的画作，但是在美术馆
里见到20幅画悬挂在一起，这对他来说是一种"启示"。他催促他
的读者都去参观展览，"用大视角、环顾的方式"，把所有的画当

作一个整体来感受，"眼前持久的景象，仿佛不只是二十幅画，而是一百幅，一千幅，一百万幅，永恒的大教堂，在太阳无边无际的循环中，有着无穷无尽之变化"。克莱蒙梭还敦促法兰西共和国总统菲利克斯·福尔为国家买下这些作品，作为留给后代的遗产。

　　1895年前四个月，莫奈在他的继子雅克·欧时狄家里，在挪威奥斯陆附近桑德维肯村。他在那儿的时候，画了挪威海岸的峡湾，还画了科尔萨斯山和雪中的红房子。光影效果随一天不同时刻和天气状况而不断变化，再次让莫奈着迷。但4月份莫奈一回到吉维尼，就把注意力转向了他的新园子。莫奈把格朗德路两旁的石凳拆了，

《日本桥和睡莲池》[The Japanese Footbridge and the Water Lily Pond]，1899年，费城艺术博物馆。

1899年，莫奈开始了他第一个水景园的长期系列画作。日本桥是该系列画中的稳定元素，他画叶与花时，笔法轻盈而富于隐现，色调冷淡却不失光泽。莫奈的画不仅让人看到景色之美，还能感受到园子里的氛围——清爽的树荫，芳香的空气，舒缓而宁静，让人所有的感官都觉得愉快。

用这些石头做了个新石凳，安装在日本桥的远侧。莫奈坐在石凳上，安静地观察他的水园。风吹芦苇的飒飒声，穿过柳树枝叶照进来的阳光，点缀池面的睡莲，还有池面上的阴影与反光，莫奈沉浸在如此这般的感官体验中。

去挪威前，莫奈第一次画了池塘，是在寒冷的1月初。池塘看上去光秃秃的，树木稀疏，没能激发莫奈的想象力。当年夏天，莫奈又把注意力转到池塘上来，画了两幅日本桥（见第53页）。莫奈使用一组淡色：粉红色、黄色和蓝色，捕捉到了炎炎夏日使颜色变淡的阳光照射效果。但这早期的睡莲池画作明显让莫奈感到沮丧，画中的各个元素是割裂的。每一个视觉细节——桥、小径、岸上的花、水中的倒影，彼此区别明显。莫奈没能创造一个和谐的整体，他从一个轮廓到另一个轮廓，从一种颜色到另一种颜色，好像要充分理解池塘这一题材，就只能通过列举其组成部分的细致清单才行。只画了两幅后，莫奈就把注意力转向别处了。莫奈暂时没有找到描绘水园的能力，但他继续坐在池塘边，仔细思考着它的美，在安静而持久的观察中理解它微妙的审美特质。

塞纳河之晨

1896年，莫奈着手一个新的系列画，到了第二年又画了很久，才完成创作。他创作的对象是早晨的塞纳河。从冷清的晨曦到朝阳发出柔光，此间，他用超过15张画布来捕捉水面上的雾气转瞬即逝的效果。1897年8月，随笔作者莫里斯·吉耶莫拜访莫奈，清早陪他到艾普特河与塞纳河交汇处附近，莫奈支起画架。吉耶莫注意到莫奈同时在14张画布上作画，他把莫奈的一组画比作"一台典型的秤，再现了同一个题材，其效果随一天中的时刻、阳光和云的变化而变化"。晨雾消散后，莫奈把客人带到房子里的画室内，吉耶莫描述说，这画室更像是客厅。同年早些时候，莫奈让人在房子旁边建了一座外屋，一层供园丁们使用，二层分成两部分，一部分是额外给孩子们的几个房间，另一部分用作一间新画室，供莫奈冬天时作画使用。

左图，《莫奈在吉维尼的花园里》[Monet in his Garden at Giverny]，私人藏品。

晚年，莫奈坦诚说，他用了好几年才理解了自己的水园。同样，水园也用了好几年才生长得如此繁茂。这张照片是后期拍摄的，此时的水园早已景色壮丽，但莫奈见证了园子的整个成长过程，他身处其中，沉思冥想。水园是莫奈的庇护所，不论莫奈是不是以它为题材积极活跃地创作，他都能够在水园中获得灵感。

　　午餐后，莫奈陪吉耶莫来到水景花园，两人坐在阳伞下交谈。平滑如镜的水面，莲叶田田，看得吉耶莫十分着迷："平静的池面漂浮着睡莲，是品种独特的水生植物，其叶宽阔舒展，其花带有异国情调，让人内心难以平静。"之后他们返回画室，莫奈给他展示了若干睡莲池的习作。仔细观察，每幅画都只有一片池水，一些睡莲，浮叶柔和，睡莲鲜艳（见第57页）。有些景色，包括树枝的倒影，让人想到了使当时正在创作的晨光中的塞纳河系列作品更加优美的微妙主题。

　　吉耶莫在出版于1898年3月15日的《画报》[La Revue Illustrée]中讲述了他去吉维尼的事，他透露，这些画幅不大的习作是一套装饰组画的模型，灵感来自莫奈对睡莲池的深入思考。"想象一个环形房间，装饰线条下面的墙裙覆盖着'池水的画作'，点缀着睡莲，正好与视线持平，有窗透光的墙壁绿色与淡紫色交替出现，平静的池水映出盛开的花朵。"吉耶莫的评论让人回想起克莱蒙梭的建议，看画者要想把握莫奈系列画的整体感，必须

右图，《睡莲池，绿的交响乐》[Water Lily Pond, Symphony in Green]，1899年，巴黎奥赛博物馆。

莫奈之前的系列画作记录一日之内光线的变化与季节的变化，而在这里，他抛开时间，着重描绘仿佛是永恒之夏的生生不息。透过密密麻麻的树枝，仅能隐约瞥见天空，但莫奈微妙的、近乎单色调的色彩，让人能够感觉到池水的清凉与夏天不断攀升的温度。

要"用大视角、环顾的方式"来欣赏。可是留存下来的8幅习作构不成一个系列。确切地说，这些习作是以睡莲池为题材的印象画的初尝试，在莫奈发展他的艺术能力以表现睡莲池之奇景的过程中，通过这些习作，莫奈与自然之间形成了一条新的、更加紧密的纽带。

　　莫奈晚年回想自己起初画睡莲池时的犹豫，"我画了很长时间才理解了我的睡莲"。莫奈解释说，他种植睡莲是"为了纯粹的乐趣……我种的时候并没有想过要当作绘画题材"。莫奈坐在石凳上望着池水，一个小时又一个小时的静思引导着他的艺术目光走向深

入，因为过去的经验告诉他，"不可能在一天之内就理解一道风景"。时间久了，莫奈对睡莲池越来越熟悉，熟悉之后就有了顿悟与理解。莫奈用画笔捕捉到了言语无法表达的瞬间："然后，突然间，我理解了池塘的魅力。于是我便拿起了调色板。"

莫奈完成最初的睡莲习作后，似乎暂时中断创作，休息了一段时间。1897年冬天到1899年春天之间，并没有作品留存下来。1899年，美国收藏家威廉姆·亨利·富勒写到莫奈，断言莫奈有把不满意的作品毁掉的习惯，1898年夏天，他把一些未完成的作品丢到火堆里烧掉了，觉得"配不上他的名声"。是否这期间的作品的确被毁掉了，答案只能依靠猜测。更可能的情况是，1898年头几个月，莫奈并没有多少时间来画画，当时他正在为在巴黎乔治·柏提画廊的一次大型个展做准备。该展览重点展出了61幅作品，其中包括"塞纳河之晨"系列的18幅画作。此次展览广受赞誉。《高卢日报》专门为莫奈和他的艺术出版了一期周日增

《日本桥》[*The Japanese Footbridge*]，1899年，华盛顿特区国家艺术馆。

在这幅画中，莫奈改变了视角，把日本桥的位置提高到了画面的顶部。池水几乎充满了视野，他画下了树木短暂的倒影和睡莲的缓慢移动。桥像稳定的华盖，在画面上方呈弧形，其倒影在下面的水中，二者恰好构成一个框架，把池面复杂的图案围了起来。

《睡莲池，玫瑰交响乐》
［*Water Lily Pond,
Symphony in Rose*］（细
部），1900年，巴黎奥赛博
物馆。

1900年，莫奈画了六幅日
本桥。这幅画与该系列之
前的作品在色彩方面差别
很大，之前的画作以冷色
调为主，而在这幅画中，
莫奈试验了热烈的颜色：
朦胧的黄色、浓重的紫罗
兰色、赭棕色和玫瑰红色。
同样地，他的笔触变得自
由松散，用书法线条代替
了更加精确的轻涂。描绘
日本桥外形的线条有力而
自信，这让人想到浮世绘
对宁静风景的描绘中所透
出的自信。

刊，乔治·勒孔特在《流行美术》杂志上赞美莫奈是"大自然的史诗诗人"。

　　新的一年给莫奈带来了"更上一层楼"的声誉，他的作品分别在巴黎丢朗-吕厄画廊和乔治·柏提画廊，以及纽约市的荷花俱乐部［Lotus Club］展出。但莫奈的个人生活却遭遇了一些不幸。1899年1月初，他的老友、艺术家阿尔弗雷德·西斯莱去世，留下他的妻子和孩子陷入极端贫困中。莫奈有强烈的失落感，但他更担心西斯莱家人的生活问题，于是他组织了一次拍卖活动，筹集资金来提供帮助。更让莫奈心碎的是，他心爱的继女苏珊在长期患病后，于同年2月6日离世。当时爱丽丝患了支气管炎，后来，她从疾病中走了出来，却永远没有从失去女儿的悲伤中走出来。

《睡莲池边的小路》［*Path along the Water Lily Pond*］，1900年，私人藏品。

为了表现池面闪烁不定的光，莫奈把画的表面变成了色彩绚丽夺目的马赛克。画面上闪耀的鲜艳色调，有粉红色、红色、长春花蓝色和淡黄色。羽毛似的芦苇和草在池岸摇动，池面聚集的睡莲闪烁着大量乳白色光（见上图细部）。画面前景的小路像小河一样流淌，只有小桥紧绷的弧形静止不动。

睡莲池景

1899年7月，莫奈又一次拿起调色板，对着水园迷人的美景，展开丰富的想象力。夏天他创作了12幅不同的作品，每一幅画都有日本桥横跨水面的池塘。与1897年习作的柔和色调不同，1899年的日本桥画作色调明亮，鲜艳明快的色彩，让人感受到清爽的树叶、平静的池水，还有盛开的花瓣。由于时值盛夏，莫奈能够描绘水园最灿烂繁盛的样子。莫奈用一幅幅花草茂盛、色彩鲜艳的作品，来赞美大自然生生不息的力量：葱翠的树叶，岸边密集的芦苇，最重要的，还有波光粼粼的池面漂浮着乳白色的睡莲。

经过系列画的磨砺，莫奈对氛围效果的掌握，在这些日本桥画作中达到了更加微妙的境界，能够更加有力地唤起人们的切身感受。每一幅画的背景都是茂密的树木，遮挡了天空。但莫奈的画通过改变表面的色调，让人仿佛置身花园之中——潮湿的树荫，斑驳的光影，芳香的空气。这些作品没有了以前的时间要素，仿佛水园永远是夏天。莫奈没有表现时刻和季节的变化，而是尝试微调视角，把画架向左或右稍微移动，从而画面边缘长满青草的池岸也有了细微变化。类似的还有视线垂直方向的改变，池面在画中的位置也随之上下移动。甚至是画中稳定的元素——日本桥也向上移动，在其中一幅画中，桥的弧形蓝色条带悬挂在接近画面顶端的位置，看上去像是华盖，下面大量的睡莲像珍珠母一样闪着光芒（见第62—63页）。

1900年初，天气转冷，莫奈把画布搬进画室里，完成了6幅满意的作品。2月，莫奈前往伦敦，临行前给他的园丁们留了一张详细清单，上面列满了各种任务，要求在他不在的几个月里完成。他在国外待到4月，致力于三个完全不同题材的创作：滑铁卢桥、查令十字桥、议会大厦。与之前创作的以具体地点为背景的系列画一样，莫奈依然让一天中的时刻来决定预期效果。但在这些创作于伦敦的画作中，氛围和光线前所未有地融合在一起，故而对周围气氛的感受——无论是明亮的阳光还是看不透的迷雾，很大程度上取代了所选的主题。

1900年4月，莫奈返回吉维尼，随后几个月，他全部的注意力又回到了水园。他完成了6幅前一年未完成的作品，一个夏天，又往这个系列里增加了6幅作品。新的画在外形、色彩和视角方面呈现变化。相对于1899年作品里的清晰明快，此时莫奈的笔触变得自由散漫，强调书法描绘，而非明亮的线条轮廓。他选择更加鲜艳、充满活力的色调，在原本只有最柔和的粉红色的地方引入了红色和紫罗兰色。莫奈把注意力聚焦于左岸，画布与画布之间仅有微小的改变，并且把日本桥设定为系列画里的稳定元素，在画面的中间偏上的位置，呈弧形，横跨整个画布的正面。水园之繁茂更胜以往，岸边枝繁叶茂、花团锦簇、绿草如茵，透露着自然世界永恒的生命力。像创作之前的系列画一样，莫奈沉浸在眼前景色的视觉感受中，但是，给予莫奈灵感的，并非时间的流逝和季节的变迁，乃是大自然的生生不息，激发他去找寻在时光流逝中永恒不变的东西。

1900年11月，丢朗-吕厄在他的巴黎画廊给莫奈举办了另一次个展，展出了12幅日本桥。评论界发现很难理解莫奈作品里叫人吃惊的新方向。许多人试图从与日本审美的关系这一角度来理解。一些人假定莫奈是模仿日本艺术，但认为作品逊色于其效仿的对象。一位评论家批评莫奈作品中的景色如此有限，题材太过单一。其他评论家指出，相比较而言，还是莫奈西方主题的作品更加成功，如"干草堆""白杨树"和"鲁昂大教堂"等系列。但是，朱利安·勒克莱尔在《艺术纪事》[*La Chronique des Arts*] 中赞美莫奈视角的连贯性，指出莫奈的作品，其生动性、多样性及对自然主义的驾驭水平均已超越日本艺术。

对莫奈而言，这样的争论毫不重要。他对日本艺术的研究引领着他努力求索与自然之间深奥的、源自本能的关系，莫奈认为这种关系是日本风景画传统的基础，而绝非仅仅从表面上把自然的平静之美复制下来。在莫奈看来，他的日本桥作品乃是一系列启示的一部分，这些启示正在逐步发展。勒克莱尔似乎觉察到这些作品代表了一个灵感的渐次展开，他预测说："将来我们会比现在更好地理解它们。"

第四章

水上风景

1900年，"日本桥"系列画作在丢朗–吕厄画廊举办的莫奈个展上展出，评论界褒贬不一。但画面里，莫奈人间仙境般的花园如此迷人，激起了公众的好奇心。记者频繁地从巴黎赶到吉维尼，想方设法要采访这位以沉默寡言著称的艺术家，希望能够一睹传说中的池塘，好跟读者分享。1901年夏天，评论员阿塞纳·亚历山大到访吉维尼，随后在8月9日版的《费加罗报》［Le Figaro］上发表了自己的见闻。有些评论家质疑莫奈花园是否真的如画中描绘的那样温馨宜人、与世隔绝，事实上，亚历山大就是其中之一。之前他毫无保留地支持莫奈的作品，但"日本桥"系列的主题让他觉得"有点简单，也并非主要兴趣"。在吉维尼拜访过莫奈后，亚历山大改变了想法。他向读者概括指出，除了"察其友，知其人"这一传统格言，他现在也相信"未观其园，焉知其人"。

在题为《莫奈花园》的文章中，亚历山大带领读者坐上从巴黎到韦尔农的火车，沿途风景如画。他描写吉维尼美丽但"有点毫无特色"，直到眼睛被一场"非凡的盛典"所吸引，展示着"调色板上的每一种颜色、开场小号里的所有音调"。亚历山大解释说，这正是莫奈的花园。他提醒读者这位艺术家很注意保护隐私："花园是有门的！……且花园之门并不总是打开的。"只有极少数幸运者受邀进入花园，充分享受由"色彩大师"安排的、大量的"花之烟火"所带来的乐趣。

如果说莫奈的花园以其生机勃勃而让人愉悦，那么水园则以

《睡莲》［Water Lilies］
（细部），1906年。

其神秘气息让人着迷。亚历山大把这个观赏性池塘的装饰比作罕见的、充满异国风情的手工艺品，"大片圆圆的睡莲叶子是装饰的波形花纹，睡莲花朵是镶嵌着的宝石——这是金匠把魔法金属铸成合金所打造的杰作"。水园带给亚历山大的微妙感觉，让他了解了莫奈最新作品是极具深度的。他公开承认"亲眼见一下莫奈的睡莲池是很有必要的，这样才能够真正理解他的画作"。

在这样的环境中，甚至连画家本人看上去都像是变了一个人。20年来莫奈给亚历山大的印象一直是"在巴黎有点寡言少语和冷淡"，他看到莫奈在花丛中"发出善意的光芒"，很是惊讶。这位评论家坦言，尽管他一直赞赏莫奈的艺术，但直到此刻他才开始理解这位画家的全部力量，他"敢于创作如此逼真的效果，哪怕这会显得不真实"。在栽培花园的过程中，莫奈也追寻他的艺术，花园是他不竭的灵感源泉。莫奈的花园，既是他的导师，也是他的模特，是他艺术尝试的试金石。

可是，亚历山大到访的时候，莫奈已经一年多没有在他的水园

《睡莲池（云）》[*Water Lily Pond（The Clouds）*]，1903年，私人藏品。

在"睡莲"系列中，莫奈探索了长久以来吸引他的两个主题：水与难以捉摸的倒影。在这幅画中，水面映出摇曳的树叶，还有水池上空聚集的云朵，画面从左到右都有池水流过，只有上部边缘处可以看到一点树叶的边缘，把画面里的池塘固定于周围的池岸中。

里画画了。"日本桥"系列作品完成后，夏末秋初的几个月里，他都在维特伊画河景。1901年，莫奈离开吉维尼到伦敦，开始创作他前一年发现的主题：议会大厦、滑铁卢桥，还有查令十字桥。那年冬天，他还在莱斯特广场上架起了画架。莫奈原本身体健壮，却无奈岁月侵蚀。同年4月初，一场严重的胸膜炎让他不得不缩短了在伦敦逗留的时间，回到吉维尼休养。

在伦敦和吉维尼作画期间，莫奈主要关心的是明显可感的氛围特征，还有稳定景物的多变效果，比如沿河房屋在水中的倒影。"日本桥"系列也带来了类似的挑战，但在这个新作品的背景中，除了主题的创作潜力，莫奈已经开始意识到水园的局限性。池塘不大，且种满了睡莲。睡莲盛开之时，把水面都覆盖了，原来水中不时出现的倒影就无法看到。池岸也很狭窄，没有多少地方可以让莫奈舒服地支起画架，在"日本桥"系列中，他已经充分探索了最有利的视角。

更开阔的视野

1901年5月10日，莫奈买下了溜河那边与他花园南面相邻的一片狭长草地。夏天，他向工程师咨询，要把池塘的面积扩大三倍，还要再次更改河道。亚历山大到访吉维尼时，并未意识到，这个池塘和池塘里"镶嵌着的美丽睡莲"即将被纳入一片更开阔的视野之中。

1901年12月，莫奈的计划获得了省长和镇议会的许可。1902年初的几个月，扩建池塘的挖掘工作已经展开。3月，工人离开了，接下来园丁开始了水园改建第二个阶段的工作。在新增的土地上种植了灌木、许多蕨类植物、竹林，还有其他观赏树木。池塘周围密集栽种了鸢尾花、青草、百子莲和垂柳。又新建了四座桥，以便往返于溜河新河道的两岸。原来的日本桥上搭了藤架，以便紫藤攀爬。莫奈又让人搭建了一座藤架，他打算在上面盖满攀缘玫瑰，来遮挡穿过他土地的铁路。

那年春天，持续的霜冻让莫奈一直担忧，也耽搁了一批新睡莲

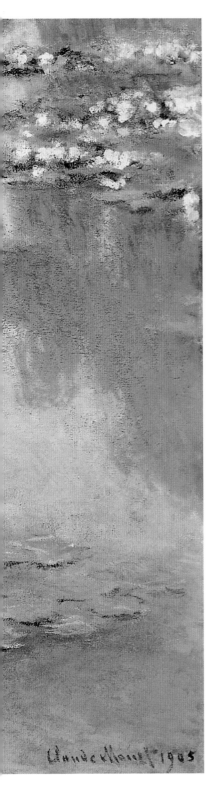

的播种。 这批挑选的睡莲颜色多样：从柔和到鲜亮，从红色、白色、黄色到红色、红棕色和绿松石色。莫奈一度担心改动是不是太大了，他写信给爱丽丝说："这池塘我搞不定了。"爱丽丝当时正在布列塔尼帮助生病的大儿子康复。但莫奈还是坚持下去，创造了一个花园，使之满足自己的审美眼光。"我一直都热爱天与水、叶与花，"莫奈后来回顾说，"在我的小池塘里，它们随处可见。"

一次大胆创新

1902年夏，改造后的水园迎来了第一个花季。莫奈以他的花园为对象进行创作，专注于花园主路两旁盛开的花朵（见第48—49页）。但有证据表明当时莫奈已经在计划创作一个系列，也许已在进行初步试画了。这个系列标志着一次大胆创新，更宽阔的池面带给他灵感。

当年圣诞节，画家玛丽·卡萨特写信给她的朋友、美国著名收藏家路易斯·哈佛梅耶："莫奈正在创作的一个系列风景画，仅仅是水中的倒影，你能看到的只有倒影！"卡萨特并未亲眼见过这些画，她只是跟哈佛梅耶分享从评论家罗杰·马克思那里听到的消息。莫奈没有哪幅作品上标注的日期是在这个夏天期间的，但莫奈

《睡莲》[*Water Lilies*]，1905年，波士顿美术馆。

1905 年的作品中，树木枝叶繁茂，倒影的轮廓广布于池面，可以看出，莫奈是从同一个视角研究池塘的。他笔下的睡莲在波光粼粼的水面翩翩起舞。绿色、粉红色，睡莲淡雅的色调表明莫奈的用色精致、文雅至极。一切都让人想到周围土地的元素都消失不见了，画面之中，唯有水景。

一直相信细致的观察是创作的前奏——还有他习惯于在天气不好，无法现场作画时，把户外写生的作品带到画室里加工完成——暗示着，他以这个让他余生都魂牵梦绕的主题进行富有想象力的创作，就开始于那年夏天。莫奈后来回顾这一段时间时打趣说："我迷上了光和倒影。就是这样子，我就是这样把自己的生涯给'毁了'的。"

莫奈于1903年夏天创作的画展现了卡萨特向哈佛梅耶提到的那种大胆的想法（见第72页）。每一幅画呈现出来的都是掠过微光闪烁的池面的一瞥。莫奈让画的主题摆脱了用来将其固定住的周围的土地，获得了前所未有的自由。他只保留了一些细节，可以看出池塘的背景，比如其中一幅画的顶部边缘可以看到一些树叶，其他的画中则能够看到垂下的柳丝。现在莫奈把注意力集中在池水上。通过主题——漂浮的睡莲和它们的倒影，莫奈探索了池水让他着迷的天然特性：水的微妙运动和水反映物体及反射光线的方式。

莫奈还抛弃了他画日本桥时所使用的生动闪烁的笔触与充满活力的色调。他新画的睡莲池用的是流畅平稳的笔触，暗示了水面柔和缓慢地流动，一系列精致文雅的、凉爽的色调捕捉到了光线微妙的照射。池面亮闪闪的，漫无边际，睡莲肆意漂浮，时而聚在一起，扁平状的片片浮叶，看上去像是一只绿叶木筏，随后又跟着水流散开了。用纯色颜料轻涂的睡莲花朵，在色调更加柔和的叶子映衬下，亮闪闪的。

但睡莲只是视觉体验的一部分。1897年，莫奈第一次尝试画睡莲时，他把睡莲隔离开，在浮叶与池水柔和的色调衬托下，睡莲盛

《睡莲》[*Water Lilies*]，1906年，芝加哥艺术博物馆。

通过耐心观察，莫奈学会了研究自然的每一个细微变化。在这幅画的前景部分，淡粉红色的睡莲分散在绿色的浮叶间（见第70页细部）。上面是片片浮叶聚集在一起，看上去摇曳不定。但是对于莫奈而言，睡莲"不过是配角而已"。他解释道："每个主题的精髓，都在于无时无刻不在变化的、明镜般的水面。"

左图,《睡莲池与日本桥》
[View of the Water Lily
Pond and the Japanese
Bridge],约1905年,私人
藏品。

1901年,莫奈重新设计
的水景花园,把睡莲池扩
建为原来的3倍大。池塘
最初比一条小河宽不了多
少,因而阻碍了睡莲的自
由流动。扩建后,睡莲可
以自由地漂流和聚集。它
们仿佛是彩色的筏子,划
过光滑如镜的水面,划过
岸边树木的倒影。

开得格外鲜艳,这是莫奈关注的效果(见第57页)。在新画中,莫奈的视线掠过水池,把睡莲看作更开阔视野的一部分。像岸边的树木与叶子以及天空中的浮云在水中的倒影一样,描绘浮动的睡莲让莫奈痴迷,因为睡莲揭示了水之本性。

第二年夏天,莫奈又回到睡莲池畔作画。他的目光继续专注在水面,观察睡莲位置和水中倒影的细微变化。但1904年的作品与前一年相比,视角更加敏锐。仿佛莫奈的视线是在池面上迅速上移,而非缓慢地移动。莫奈还让画面上部边缘出现了更多的青草岸,好像是要轻轻挡住从画面的底部缓慢而不断上升的水流。睡莲的浮叶更加密集,聚成长椭圆形,呈鲜亮的绿色或是发出乳白色光的淡灰色和蓝色。浮叶上面是睡莲花朵,用纯色颜料轻涂成鲜艳的色点。下面水中的倒影闪着微光,形状更加柔软,色调更加柔和,有紫罗兰色、玫瑰红色和薰衣草色。这一具有层次感的画面——鲜艳的睡莲花朵在光泽饱满的叶子上,下面是散布的倒影,增添了丰富性和半透明性。光线和运动之间微妙地相互影响,而莫奈目光敏锐,笔触富有表现力,追逐着眼前这种相互影响的每一个细微变化。他意识到睡莲池具有无限的可能性。"每一个主题的精髓,"他说,"都在于无时无刻不在变化的、明镜般的水面,幸而有一片天空,让池面有了'天光云影共徘徊'的景象。"

右图,《睡莲,水上风景》
[Nymphéas, Water
Landscape],1907年,康涅
狄格州哈特福特市华兹沃
斯艺术博物馆。

在系列画的最后,莫奈专
注于两种光线效果:遍布
的明亮晨光和激动人心的
傍晚余晖。这幅画作于光
线微弱的早晨,探索了明
亮倒影的色调与闪着暖光
池面的色调之间的关系。
评论家赞扬莫奈的大胆创
新,称之为风景画中"将
抽象艺术和想象力与现实
融为一体的最高境界"。

　　1905年，莫奈短暂地再次回到日本桥主题上来。水园扩建后，他能够把画架摆放在距离桥更远处。那个夏天他画了3幅画，每一幅选取的角度都明显不同。在莫奈把注意力限制在池面之后，这些作品呈现全景式的画面，好像是艺术家正后退几步来重新审视整个水园。

　　莫奈还改变了过去两年形成的优雅的笔触，使用的是书法般自由的笔触和充满活力的色彩，让人想到了1900年的作品。但这次改变只是一次短暂的停顿，而非方向性的变更。这个夏天，莫奈的目光继续回到池面上，描绘水面大片漂浮的睡莲和闪光的倒影。

前所未有的微妙

1905年创作的大部分睡莲画，莫奈都选用方形画布。池水从左到右、从上到下填满了整张画布，完全摆脱了池岸的束缚。他重新使用了该系列中之前画作里的精致笔触，取得了一种前所未有的微妙效果。池面的睡莲仿佛是漂浮的珠宝，闪着微光的倒影更加柔和而形态不定。但在夏天，莫奈的笔触再次变得松散，用更温暖浓艳的色调，如玫瑰色和黄色，在长方形的画布上作画。当年稍晚时候，记者路易·沃克塞勒到吉维尼莫奈的画室采访他。尽管莫奈是通过创作于伦敦的作品来解释自己系列画创作方法的，但沃克塞勒欣赏的画作却给了他更深刻的认识："克劳德·莫奈一遍又一遍画着同一幅画——我们看着炫目的《睡莲》就会发现这一点很明显——却未露一丝疲倦之色。"

多年来通过创作系列画，莫奈认识到，坚持不懈的观察十分宝贵。1886年，莫奈在百丽岛布列塔尼崎岖不平的海岸线上创作，他宣称："我很清楚，要想真正把海画好，必须在同一个地点每一小时每一天坚持观察。"但是，莫奈致力于捕捉瞬间的视觉体验，他所选用的方法注定要不断遭受挫折。1890年10月创作"干草堆"系列时，莫奈写信给朋友若弗鲁瓦说，他越来越深刻地理解光和氛围的复杂多变，这让他感受到束缚，他的画笔无法跟上眼前所发生的变化。"我画得太慢，感到绝望，但我越是坚持下去，就看得越清楚，需要大量的工作，才能够成功地呈现我想要呈现的东西：'即时性'。"

《睡莲》[*Water Lilies*]，1907年，波士顿美术馆。

通过系列画的创作，莫奈力图捕捉瞬间的视觉效果，用颜料在画布上保留下对光和氛围那稍纵即逝的感受。在同评论家罗杰·马克思[Roger Marx]的谈话中，莫奈把自己描述为"一个反应高度灵敏的反应器"，能够"把景物在我视网膜上留下的印象投射到画布上，就像投射到屏幕上一样"。

推动莫奈艺术前进的是一对相反的力量：自然是瞬息万变的，他渴望在静态画布上捕捉自然变化的动态过程。现在，在15年后的水景花园里，莫奈在两种力量之间找到了平衡。为了实现目标，1906年，莫奈开始专注在池面一块固定的区域观察色调和光影最细微的变化，以及睡莲在水面的运动。爱丽丝在写给女儿热尔蔓的信中透露，莫奈为天气不稳定而感到痛苦，同样让他痛苦的是无法追上池面外观的变化。他依然不停地追求。8月12日，在睡莲花季快要

《睡莲》[Water Lilies]，
1908年，私人藏品。

在系列画的最后阶段，莫
奈研究了太阳落下时池面
逐渐变弱的光线。颜料涂
在画布上，看上去闪烁而
朦胧，睡莲、池水与柔和
的倒影融合成一片明亮的
景象。

接近尾声时，爱丽丝写道："莫奈像个疯子一样工作，他干得太多太多了。"但年底的时候，莫奈似乎对自己的作品感到满意，他通知丢朗-吕厄，他的新作品到春天时就能准备好展出了。

1907年4月初，在跟丢朗-吕厄确认过展出日期的两周以后，莫奈就反悔了，他要求丢朗-吕厄解除协议。在4月27日的一封信中，莫奈解释说这个系列中"几乎没有令人满意之处，不足以对公众展出"。尽管他也承认，"也许真的是我对自己要求太过苛刻"，但他坚持认为只有五六幅作品值得展出。莫奈还坦言，他已经销毁了30幅不满意的画，对此，他说"时间长了，我就更清楚哪些画是好的，哪些应该扔掉"。莫奈拒绝选出一小部分作品来展出，"只有把整个系列的作品都展出，才能够获得整体效果"，并说他需要"已经完成的画来与正在创作的画做比较"。莫奈让他的代理商放心，说他现在一时的不满意并不会妨碍他这一系列作品按照计划进展。他迫不及待地要继续工作，信心满满一定会画得更好，但他决定不预定展览的时间了。

严苛的时间表

取消了承诺的展出，莫奈又专心致志地继续创作他的系列画。他给自己制定了一张严苛的时间表，一大早就在池边支起画架，一直干到下午，中间只短暂停下来吃个午饭。下午晚些时候，通常是在3点钟左右，这个时候的光线最不稳定，睡莲叶开始闭合，莫奈就会停下来两三个小时，休息或者待客。晚上莫奈会回到池畔，来研究暮光的效果。

像前一年一样，莫奈继续专注在池面的一景上，光线微妙变化，色调随之有细微差别，莫奈对此更加敏锐。他试验过各种样式，再次选用了方形画布，而后探索了更有装饰性的圆形画布。到夏末时，又换成了纵向长方形画布，画面里的睡莲看上去像是在自上而下地漂流——滑动在流光之上。1907年12月丢朗-吕厄来商讨能否在1908年5月举办画展的事情，莫奈取得的突破让他感到震惊。但他也警告莫奈，这些新画彻底背离了传统，进入一种纯粹的光、

形与色的世界，可能会极难销售。对于代理商的这一反应，莫奈毫不掩饰自己的愤怒，甚至威胁要取消代理商提议的画展。在1908年3月20日的一封信中，莫奈责怪丢朗-吕厄不支持他，使他的系列画持续受挫："从你说不认可我的新作时起，我就认为你很难会展出它们。"

　　到4月底的时候，莫奈深感懊悔，丧失信心，他对丢朗-吕厄承认，他认为自己不可能在5月份准备好展出作品："我现在是山穷水

《睡莲》[Water Lilies]，1908年，达拉斯艺术博物馆[Dallas Museum of Art]

在创作"睡莲"系列过程中，莫奈试验了不同的构图样式。此处圆形的画布凸显了睡莲主题的装饰功能，传达他心中所描绘的池水，创造了"无穷无尽之整体、漫无边际之幻象"。莫奈用轻快的笔触描绘了睡莲和乳白色的浮叶，达到了睡莲划过一望无垠的池面的视觉效果。

尽了，再继续这项不可能完成的任务，我一定会病倒的。"莫奈除精神状态不佳外，健康状况也出现了不好的迹象。他感到一阵阵头晕，视力模糊。爱丽丝认为他的症状是由焦虑导致的，她跟丢朗-吕厄都认为，莫奈应该休息一下，暂时不去想工作的事情。

随着展期的临近，公众得知了一个惊人的消息。5月16日《华盛顿邮报》头条这样写道："印象派大师画展前夕毁掉新画。这些画曾受到评论家称赞。"伦敦《标准晚报》的一则报道确认了这个消息，但提醒公众，该消息夸大了画作损坏的程度。记者特别提到，莫奈一直致力于一个革命性的项目——"我相信，之前从未有哪位艺术家曾做到过——画下倒映在水中的云"，并且初春的时候30多幅画已经接近完成。但是最近几个月，艺术家却失去了信心，先是要求展览延期，然后又要求取消展览。"原因部分在于过度疲劳，部分在于不满，莫奈先生变得非常暴躁又忧郁，至少真的把几幅画剪碎了。"这篇文章安慰读者大部分作品都保存下来了，在"细心负责的朋友们"的劝告下，画面都被转过去对着墙壁。

6月底，莫奈又回到了工作中，终于下决心用画笔和颜料在画布上捕捉自然那难以捕捉之美。整个夏天莫奈以毫不松懈的高强度工作，常常拒不待客，或者下午不休。8月11日，莫奈给老友若弗鲁瓦写信："这些水上的风景和水中的倒影让我着迷。这已经超出我老朽的能力了，尽管如此，我还是想要把我感受到的描绘下来。我毁掉了其中一些画……我又重新开始画……希望经过这些付出后，会有成果出现。"

9月底，天气变得恶劣，爱丽丝终于说服莫奈放下画笔。他们离开吉维尼，到威尼斯待了10周时间。莫奈放松了一下，然后画下了大运河沿岸的建筑物。莫奈回来时，精神抖擞。他与贝尔南-热纳画廊就威尼斯的作品进行协商，达成协议后，就把全部精力转移到画室里的工作上来，对最新创作的睡莲进行最后的修饰。1909年1月28日，莫奈通知丢朗-吕厄，把期待已久的展览开幕式定在5月5日，并向他一贯富有耐心的代理商保证："我会做好准备的。"

莫奈积极参与到画展的安排中。他对作品的安置有具体要求，作品要按照创作的时间来排列，以"日本桥"系列中一幅作于1900

年的画作为开头。展品目录中还有一个创作时间表。这48幅新画作都有一个共同的名字——《睡莲》，因此区分它们的只有创作时间。莫奈意欲为观看者模拟系列作品的创作经历，他不是把一幅幅画当作孤立的作品呈现，而是让画连续地呈现，按照观察的顺序，从而获取系列作品的整体意义。丢朗-吕厄建议把展览命名为"倒影"，引导人们关注他觉得最创新、最引人注意的主题，但莫奈更喜欢"睡莲：水上风景"，作品的题目既说明了主题，也点明了作品之精髓所在。

考虑到自从1904年"雾都"系列展出后，莫奈就再没有向公众展示过新的作品，丢朗-吕厄安排了一些前期宣传。虽然莫奈并不情愿，但还是允许一个年轻的作家让·摩根在作品还没有送往巴黎之前，到吉维尼参观。在画展开幕的前一天，《高卢日报》刊登了摩根的一篇文章，他向读者宣布，莫奈即将到来的画展会揭示"他对自己才能的发挥让人难以预料"。通过追求数量极为有限的主题，莫奈增强了观察力，把他描绘的焦点完善到一种不可思议的程度。

评论界的喝彩

展览开幕，评论家们没有失望。"睡莲"系列受到评论界的一致好评。罗杰·马克思在《美术报》上发表长文，援引了评论家们认为最大胆的创新元素。莫奈在创作《睡莲》的过程中，把池面风景从周围池岸的束缚中解放了出来："现在既没有土地，也没有天空，没有了限制。池水静如安睡、富饶肥沃，把画布完全占据了，阳光欢快地照耀其上，流光溢彩，一池铜绿叶……这里莫奈有意摆脱了西方传统的教导，没有寻求金字塔形的构图和单一的焦点。"但是，马克思特别提到，莫奈对被贴上幻想家的标签感到十分气愤。马克思大段地摘录与莫奈的谈话，让莫奈为自己辩护："不能想当然地认为我的作品经过了错综复杂、想象丰富的设计。真实的情况要简单很多，我唯一的美德就是顺从直觉，我之所以能够与天地万物产生共鸣，并且沉醉其中，原因就在于，我重新发现了直觉

《莫奈在池边作画》
[*Monet Painting Beside his Pond*]，约1904年，私人藏品。

在创作于1903—1908年间的"睡莲"系列中，莫奈把主题精简到只剩池面漂浮的睡莲。他从清晨开始工作，一直干到午饭时间，然后午休，等到一天中最热的时段过去，下午再返回园子，趁睡莲还未闭合，观察光线的微妙变化。

和隐秘的力量，并让它们来主导我的创作。"

　　莫奈认为，对自然世界的热爱，为他的艺术提供灵感与力量："我唯一的心愿就是与自然的关系能够更加紧密，我最渴望的事便是创作与生活都能够跟自然规律和谐一致。"但马克思反对莫奈的观点，认为自然的奇迹具有主观性，只能通过人类的努力来揭示，"思想为自然下定义……诗歌为自然唱赞歌……艺术描绘自然之美"。莫奈发现并赞颂自然之美，为世界提供了新的极具洞察力的眼光。"自从人类诞生，自从人开始绘画，从未有人能够画得如此之妙。""睡莲"系列证明了莫奈长久以来的渴望：让他的艺术创作与自然相融合。莫奈把自己的作品从一切传统的期待中解放出来，借此寻到了方法，来表达睡莲池给予他的启示。

第五章

朋友和追随者

1886年4月，题为"巴黎印象派画家的油画和粉彩画作品"的展览在纽约美国艺术画廊展出，参观人数之多创下纪录。本次展览由丢朗-吕厄组织，其中有40多幅莫奈的作品，包括《吉维尼附近的干草堆》。当时，画廊的赞助者几乎都没听说过吉维尼，这个莫奈在其中追寻艺术、种植花草的诺曼底小村庄。可是，第二年，也就是1887年，美国期刊《艺术爱好者》的读者在10月那一期读到，吉维尼已经成为能激发艺术灵感的胜地了。波士顿的记者以"格里塔"为笔名写道："我听说，许多美国人聚集在吉维尼，吉维尼距离巴黎约112千米，在塞纳河畔，莫奈就住在这里。"据"格里塔"说，这个新形成的美国艺术家圈子的作品反映了这位印象派大师的影响。"刚刚收到他们的作品，看得出他们从莫奈的印象主义那里学到了蓝绿色，但是'学得不好'。"

1883年，莫奈刚搬到吉维尼时，他向丢朗-吕厄坦言："我觉得我犯了个严重的错误，这里（距离巴黎）太远了。我现在是信心全无。"但是，有家人围绕身边，周围的环境后来也不断地激发他的想象力，他的疑虑很快便烟消云散了。他只要一觉得跟艺术界疏于联系了，便动身前往巴黎，他还极力邀请朋友和同行们到吉维尼做客。莫奈搬到新家后的十年里，甚至努力劝说他以前的印象派同行把每个月的聚会地点从巴黎的里奇咖啡馆改到吉维尼。对于莫奈来说，城市生活已经丧失吸引力："怎么能住在巴黎呢？那儿简直是地狱。比起都市里的喧嚣和灯火，我更喜欢我的花儿，还有塞纳河周围的山。"

弗雷德里克·卡尔·弗利西科，《百合》[Lilies]（细部）。

画家的天堂

莫奈不曾想到，一群美国艺术家也会在吉维尼找到灵感。莫奈在社交场合一向非常谨慎，对自己的作品和家人的保护意识很强，他试图跟那些新来的人保持距离。但是美国画家与这位法国大师的生活难免会有交集，进而有一些意外的事情发生。尽管莫奈认为，艺术是无法传授的，但他不经意地成为聚集于吉维尼的美国艺术家的导师。多年来，只有少数几位美国艺术家能够进入莫奈朋友和家人的圈子，但是他的影响力还是无可否认的。30年里，吉维尼从一个鲜为人知的小村庄，变成了画家的天堂，只因这里有一座大门紧锁的花园，莫奈身居其中。

尽管吉维尼比阿让特伊距离巴黎更远，莫奈还是希望朋友们能够像以前一样来看望他，一起户外写生。卡耶博特接受了邀请，塞尚和雷诺阿也都接受了。第一个到吉维尼莫奈家做客的美国画家是约翰·辛格尔·萨金特。他跟吉维尼发展迅速的画家群体并无关系，他第一次见到莫奈可能是在1876年第二次印象派画展

约翰·辛格尔·萨金特，《克劳德·莫奈在树林边作画》［*Claude Monet Painting at the Edge of a Wood*］，1885年，泰特美术馆。

萨金特初到吉维尼时，莫奈带他到户外作画。虽然当时萨金特已经是著名的社交界肖像画家了，但是他还是对户外写生产生了浓厚兴趣。此处，他散漫的笔触表现出他对于眼前题材快速、直率的反应。但是他使用了强烈的明暗对比色彩，缺少莫奈在自然背景下描绘人物时所带有的那种与众不同的鲜亮。

上。两人的友谊在十年之后才开始发展。

　　萨金特生于佛罗伦萨，在巴黎受教育。他是一位真正的游走四方之人，自在地来往于英格兰、意大利和法国的艺术圈之间。1884年，他为社交界著名浪漫女性——"专业美人"皮埃尔·高特鲁夫人所画的题为《某夫人》［Madame X］的肖像遭到了评论界的猛烈抨击，随后他离开巴黎，到英格兰威尔特郡百老汇村的画家聚居地度过了一个夏天，画风景画，户外写生。翌年，他到吉维尼跟莫奈一起创作，心情愉悦，迫不及待地想要丰富自己户外写生的体验。萨金特几乎年年都到吉维尼来，他最后一次到吉维尼是1891年暮春。

　　1885年，萨金特初次到吉维尼时，把莫奈和爱丽丝画入画中。

左图，约翰·莱斯利·布瑞克，《吉维尼花园》[Garden at Giverny]，约1890年，芝加哥特拉美国艺术博物馆。

布瑞克很乐意地接受了莫奈的绘画主题，希望通过挑战绘画自然题材来获得更加敏感的笔触和用色。此处，从他所使用的纯色和轻笔触可以看出他对于这种新的绘画方式的充分吸收。他在波士顿举办了首次个展，包括6幅花园题材的作品，大都取材于吉维尼，至少有一幅是取材于莫奈花园。

右图，《约翰·莱斯利·布瑞克在吉维尼的莫奈花园里》[John Leslie Breck in Monet's Garden at Giverny]，1887年，私人藏品。

虽然许多美国画家受到了鼓舞，来到吉维尼短暂居住，但是很少有人受到邀请，走入莫奈的家庭圈子。在这张照片中，布瑞克坐在最前面的位置，身后是莫奈一家。照片的左边，爱丽丝站在中间，两旁是布兰奇和热尔蔓，苏珊在她们前面，坐在一把椅子上面。莫奈站在苏珊的左边，身后是让。照片右边是美国画家亨利·菲奇·泰勒。

这幅名为《克劳德·莫奈在树林边作画》（见第90—91页）的作品，让人想到了雷诺阿和马奈十年前在阿让特伊为年轻的莫奈一家画的画像（见第26页）。莫奈坐在画架前工作，画架放得很低，可以辨认出画布上的作品是1885年的《吉维尼的干草堆》，爱丽丝坐在离莫奈不远处专心读书。作品有一种友善而随意的气氛，这种气势不仅是在莫奈与妻子之间，也在画家萨金特与作为画中人的莫奈夫妇之间。尽管萨金特以创作优雅的社交界肖像画著称，作品色彩丰富、浓重，笔触华丽精湛，但此处他使用的色调较为朴素，其快速、描述的笔触，或许是在效仿莫奈的创新风格。

在萨金特初次造访吉维尼很久之后，莫奈跟艺术商雷奈·詹泊尔分享了一件关于萨金特的趣事。当时莫奈建议两人到户外作画，萨金特反对，说他没有带工具。莫奈就给了他画布、画架、调色盘和颜料，萨金特看了一下颜色种类，发现没有黑色。他问莫奈要，莫奈说手头没有，萨金特惊叫道："那我可没法画！你是怎么画的？"尽管萨金特的这幅《克劳德·莫奈在树林边作画》缺乏莫奈户外创作的那种色彩的明亮与鲜艳，它却展示了萨金特的画室作品所不具有的真实感。虽然莫奈并没有记录下他对萨金特作品的看法，但显然他对萨金特的能力是很欣赏的。因为他自己藏有好几幅萨金特的作品，挂在他的卧室里，卧室里还挂有一些其他朋友的作品。两年后，莫奈画了一幅画，画的是爱丽丝的两个女儿苏珊和布兰奇在树林里（见第97页），那幅画让人想到了萨金特的这一幅。

在吉维尼的美国画家群体形成之前，还有其他的美国画家到此。威拉德·梅特卡夫，一位风景和人物画家，有收集鸟卵的爱好。他的收藏日记里有一条，记录的是1885年5月在吉维尼发现的一颗乌鸫卵。第二年，他又到了吉维尼，这次他又收集了许多鸟卵，但他也声称莫奈邀请他共进午餐，并与布兰奇一起陪他在花园里画了一下午画。西奥多·罗宾逊第一次到吉维尼也是在1885年，当时一个共同的朋友、风景画家费迪南·德孔希，陪他到莫奈家。

1887年夏，梅特卡夫和朋友路易斯·里特尔出发到塞纳河谷徒步旅行。对于巴黎学院的艺术生，特别是那些来自其他国家、暂居于此的艺术生来说，夏天到一个风景如画的地方去，这是惯例，这样他们在学校没有课的时候，也能继续画画。那时候，布列塔尼以其崎岖起伏的地形和独特的地域文化而成为最受欢迎的目的地，阿旺桥和孔卡尔诺有许多艺术群体。在拜访了住在厄尔地区的画家朋友保罗·孔冈之后，梅特卡夫和里特尔决定探索塞纳河谷。音乐家爱德华·布瑞克跟随他的兄弟约翰·莱斯利·布瑞克和妈妈一起加入了吉维尼的画家群体。据他说，两位画家越靠近塞纳河，就越惊讶于该地区之美景多样，处处青翠，但他们到吉维尼之后，才知道什么叫无与伦比。用布瑞克的话说，"乡村的超然之美对他们施了魔法，他们给巴黎的朋友们写信，说发现了天堂，只待人来享受"。

西奥多·罗宾逊、西奥多·温德尔和威廉·布莱尔·布鲁斯，还有布瑞克兄弟，他们是最早一批加入梅特卡夫和里特尔的。除布鲁斯是加拿大人以外，其他人都来自美国。回顾这段往事时，布瑞克把他们这些人组成的艺术小圈子定义为"真正的吉维尼原住

约翰·莱斯利·布瑞克，《吉维尼花园（在莫奈花园里）》[*Garden at Giverny (In Monet's Garden)*]（细部），约1887年，芝加哥特拉美国艺术博物馆。

布瑞克对花卉题材的兴趣来自对莫奈风格和题材的效仿。这幅画作于晚夏，那是他在吉维尼度过的第一个夏天。高高的玫瑰花朵朵盛放，小路左边，向日葵从茂密的叶子里钻了出来。布瑞克用亮色和快速、率性的笔触捕捉到了盛开的花园那瞬间之美（见右图细部）。

民"。其他人随后而至，其中有英国画家道森·道森−沃森，他后来声称那些画家根本没有意识到莫奈住在吉维尼。布瑞克也有过类似的表述："他们一小群艺术家还没来得及把周遭的美景描绘到画布上，就发现这里还有别的艺术家，而且，其实最早来到吉维尼的画家，并不是他们，而正是莫奈，他在吉维尼已经一住数十年了。"据布瑞克所说，这些画家中没有人在那个夏天见过莫奈。

道森−沃森、布瑞克的说法和罗宾逊、梅特卡夫的说法是矛盾的，罗宾逊和梅特卡夫都声称在前几年享受过莫奈的热情招待。作为在巴黎的艺术生，这些年轻画家显然对莫奈的大名有所耳闻，很有可能也知道他住在吉维尼。其中一些人甚至参观过1886年纽约美国艺术画廊的展览，在展览上看到过莫奈的作品《吉维尼附近的干草堆》。如果他们错过了长达一个月的该展览，该作品接着又在国家设计学院展出了一个月，以满足观众需求，他们也可能通过这次机会看到这幅画。不管这些"吉维尼原住民"在回忆他们艺术聚居区的建立时是否说了实话，莫奈都迅速成为他们创作和生活中的一个要素。

第一个夏天，这一小群艺术家住在包迪旅馆，距离莫奈家不远。一年之内，这个群体扩大了。之后的夏天，一些最初的成员开始租房子，其他人还是回到包迪旅馆住。许多年轻的画家跟莫奈与爱丽丝的孩子们年纪相仿，很快，欧时狄和莫奈的儿子们，还有欧时狄的女儿们，就认识了这个艺术家群体的成员了。他们的人数还在不断增加。莫奈的孩子们开始跟这些年轻的美国人打交道，莫奈作为一个对孩子保护心很强的父亲，也对吉维尼的新成员产生了兴趣。

约翰·莱斯利·布瑞克

约翰·莱斯利·布瑞克是最早享受莫奈一家热情招待的美国人之一。他返回美国许多年后，甚至还吹嘘说，莫奈本人极力邀请他到吉维尼。 1899年3月17日的《波士顿周日环球》上刊登了布瑞克的讣告，其中引用了莫奈邀请函里的内容："到吉维尼来待几个月吧，我不会给你上课，我们到田野里漫步，一起作画。"这些话听

《吉维尼沼泽边，苏珊在读书，布兰奇在画画》 [*Suzanne Reading and Blanche Painting by the Marsh at Giverny*]（细部），1887年，洛杉矶艺术博物馆。

莫奈带着画家到乡村作画，继女们常常陪伴着他。这幅双人肖像画色彩鲜艳明亮，代表了莫奈描绘自然光线下人物的新方法，但是他对人物画长久以来的兴趣在未来几年中逐渐消失了，后来的创作生涯里他只画纯粹的风景画。

上去如此让人愉快，似乎不像是莫奈的风格，布瑞克可能是把莫奈
的原话添油加醋了，甚至他根本就是杜撰的。不过很明显，这位年
轻的美国画家早在1887年就已经进入了莫奈的家庭圈子，并可以到
莫奈的花园里画画，这可是非常少有的优待。

　　1860年，布瑞克在南太平洋一艘快速帆船上出生，在波士顿长
大。他在美国开始接受正式的美术训练，在1878年进入慕尼黑皇家
学院学习。1883年他返回家乡，定居在马萨诸塞州，创作风景画。
三年后，他再次离开美国，到巴黎的朱里安美术学院学习。巴比松
画派采用自然主义的方法绘画，给布瑞克留下深刻印象，他变成了

忠实的外光画家。布瑞克到吉维尼时，采用了更加明亮、更加鲜艳
的色彩以及快速、不连贯的笔触，可以看出这是模仿莫奈的外光画
技法。布瑞克也开始试验莫奈的绘画题材。他画了艾普特河的河
岸，捕捉雾气笼罩下水中的倒影，并在1887年夏末画了莫奈花园。
《吉维尼花园（在莫奈花园里）》（见第95页）里鲜艳的玫瑰花高
高挺立，下面是茂密的植物叶子，柔和的光线，斑驳的花园小径。
作品中布瑞克展现了新的色彩掌控力。

　　布瑞克继续以莫奈为榜样。1888年，他画了一株黄色鸢尾花，
1891年创作了一系列干草堆题材的作品，观察秋日光影在一日之内
的变化。1890年他短暂返回美国，当年11月，他在波士顿圣博尔托
夫俱乐部举办了首次个展，展品目录中的作品题目有诸如《莫奈先
生的花园》和《在莫奈先生家》等。这样，在美国公众心中，他的
名字就跟印象派大师莫奈的名字紧紧联系在了一起。显然，布瑞克

《布兰奇·欧时狄在作画》
［Blanche Hoschedé
Painting］，1892年，私人
藏品。

布兰奇青少年时代开始作
画，莫奈对继女的作品有
浓厚兴趣。也许，莫奈对
女儿努力创作的最大肯
定，就是为正在户外画架
前写生的她画肖像。这里
可以看到布兰奇坐在画布
前，阳光耀眼，她身边放
了一把收紧的阳伞。画的
背景里，苏珊站在她的未
婚夫、美国画家西奥多·巴
特勒身后。

和莫奈一家建立了亲密而舒适的关系。1888年2月，他为苏珊画了素描，第二年又在花园里跟莫奈一家拍了合照。可是，当布瑞克对布兰奇流露越来越多的"非分之想"时，莫奈对他的态度急转直下。1891年，布瑞克回到吉维尼，莫奈明明白白告诉他，尽管自己和家人对他很热情，但叫他不要得寸进尺。布瑞克很快就收拾好行李，永远离开了吉维尼。

莫奈像传统的父亲关心女儿那样关心着布兰奇的未来，他也希望看到布兰奇实现自己的艺术梦想。青少年时代的布兰奇开始采用她继父的风格在花园里和周围乡村地区作画。莫奈不在家的时候，总是会写信给爱丽丝，询问布兰奇是否有进步，确保她有足够的画布和颜料来创作。1885年11月，莫奈写信给爱丽丝，让她把自己的鼓励和建议转达给女儿："听到布兰奇一直在画画，我很欣慰，如果她更努力一些，一定能够画得很好。把我的话转告给她，再告诉她要画素描，她从来也不画素描。多画画素描，她就能熟悉如何把事物画在恰当的位置上。"布兰奇的作品笔触很轻，与莫奈的率性风格相似，莫奈则可能带着一丝作为父亲的骄傲，把布兰奇好几次画入画中。画里的布兰奇也在画架前写生。布瑞克的离开并没有影响布兰奇的创作。1897年，布兰奇嫁给了让·莫奈，搬到了鲁昂，开始在当地的乡村寻求属于自己的创作题材，也开始在鲁昂艺术家沙龙上展出作品。通常她会在作品上签自己出生时的名字欧时狄。

西奥多·巴特勒

尽管西奥多·巴特勒不是"吉维尼原住民"，他跟莫奈一家的关系却比那些最早到吉维尼的美国人更加紧密。西奥多·巴特勒生于俄亥俄州哥伦布市，在纽约市艺术学生联盟学习。1886年左右来到巴黎继续学习艺术。他在多所受欢迎的学院学习过，其中包括朱里安美术学院、克拉罗斯艺术学院和查尔斯–埃米尔–奥古斯特·卡罗吕斯–丢朗画室。

1888年夏，西奥多·温德尔说服了巴特勒，让他也到吉维尼来。巴特勒住在包迪旅馆，他为这里如画的风景和美国画家圈子里

的同道情谊所吸引，此后每年夏天都到吉维尼来。

　　像住在吉维尼的其他美国艺术家一样，巴特勒也跟莫奈与爱丽丝的孩子们相处愉快。两个年纪大一点的儿子——让·莫奈和雅克·欧时狄——跟一些美国人都喜欢打猎。美国人也会组织一些野餐、派对和戏剧表演，欧时狄姐妹也参与其中。巴特勒年年来此，在此期间，爱上了苏珊。1892年春，此时莫奈正在鲁昂创作他的大教堂系列作品，巴特勒鼓起勇气，请求爱丽丝把女儿嫁给他。

　　有了布瑞克的前车之鉴，巴特勒希望避免与苏珊令人生畏的继父发生冲突。可是，3月10日，当莫奈从爱丽丝那里听到求婚的消息时，他怒气冲冲地回复说："你能想象看到你的来信我有多心烦意乱吗！……一早晨我的脑子里全是这件事。而且我越想就越心烦意乱。"莫奈长期以来怀疑那些"来来往往的美国人"心怀不轨，现在自己的继女居然如此缺乏判断力，这让他感到震惊："如果这位先生

西奥多·罗宾逊，《婚礼进行曲》[*The Wedding March*]，1892年，芝加哥特拉美国艺术博物馆。

罗宾逊参加了苏珊·欧时狄和西奥多·巴特勒在1892年7月举办的婚礼，但他是数周以后才在画室里把这幅作品完成的。色彩温暖，笔触轻快，捕捉到对当时场景的真实感受。莫奈和他的继女走在队伍最前面，新郎和爱丽丝跟在后面。市政厅的婚礼仪式已经结束，画面中的一群人正在前往教堂的路上。

胆敢来见你，肯定是因为苏珊支持他这么做了。"莫奈愤而得出结论："我不能继续在吉维尼待下去了。"

　　几个月后莫奈才被说服，接受巴特勒这个女婿。莫奈声称他之所以反对苏珊嫁给巴特勒，是担心作为画家他可能会"一无所成"。因此，爱丽丝通过西奥多·罗宾逊打听了巴特勒在俄亥俄的家庭情况，她发现巴特勒来自一个富裕的正经人家。小两口也承诺不会搬离吉维尼。6月20日，苏珊告诉她的未婚夫一个好消息："莫奈先生打算先跟妈妈结婚，这样我们的事情就会更合情合理，他们俩都希望这么做，这样莫奈先生就能以父亲的身份把我领到圣坛。"

　　7月20日，苏珊嫁给了巴特勒。莫奈的哥哥里昂和爱丽丝的妹夫乔治·帕尼为证婚人，四天前，这两位也给莫奈和爱丽丝做了证婚人。婚礼仪式结束后，到教堂去接受阿纳托尔·杜桑神父的祝福，他是这个家庭的亲密朋友。最后，到莫奈的画室享用早餐，庆祝婚礼圆满结束。一些美国画家也参加了婚礼，包括西奥多·罗宾逊，他在日记中将此描述为"美妙的一天"。

　　罗宾逊还创作了《婚礼进行曲》（见第100—101页）来纪念这次婚礼。虽然他直到数周之后才开始创作，但他浅淡的、仿佛被阳光漂过的白色，羽毛般轻快的笔触，给人一种临场感。两对夫妻从市政厅到教堂，莫奈和继女苏珊带路，巴特勒和岳母走在后面，步履轻快。苏珊身上缠绕的面纱说明宗教仪式尚未举行。罗宾逊专心于记录当天高昂的情绪，而非精确的肖像，他甚至省略了莫奈那独特的胡须，开玩笑说他唯一的模特就是巴特勒的丝绸帽子。

　　巴特勒和苏珊说到做到，没有离开吉维尼。两人住在巴普蒂斯特屋，距离莫奈房子很近的一个村舍。巴特勒很快就喜欢上了园艺。他们的孩子早早就出生了：1893年，詹姆斯出生；1894年，爱丽丝出生，大家都叫她莉莉。巴特勒继续画画，创作的焦点从风景变成了家庭场景，特别是有孩子们温馨的室内场景和花园里的其他题材。他对家庭生活题材的专注让人想起莫奈在阿让特伊时创作的作品，对莫奈而言，那是他跟卡米耶结婚后的一段幸福时光。可是，巴特勒的艺术眼光与家庭生活情景画家的更为相似，特别是皮

《西奥多·罗宾逊和凯尼恩·考克斯》[*Theodore Robinson and Kenyon Cox*]，芝加哥特拉美国艺术博物馆。

西奥多·罗宾逊是最早一批到访吉维尼的美国画家之一。他比那自称"吉维尼原住民"的一众人稍年长，并与莫奈建立了持久的友谊，这段友谊甚至在1892年他离开法国到纽约去追寻自己的事业以后依旧没有中断。罗宾逊热衷摄影，他用照相机来辅助绘画。他所拍摄的照片记录了吉维尼的生活，包括一张莫奈在花园里的照片。这张照片里，美国艺术家、作家凯尼恩·考克斯倚靠着一棵树，在看罗宾逊写生。

埃尔·伯纳尔和爱德华·维亚尔。巴特勒的家也成了到吉维尼来的更年轻一代艺术家的聚会中心。但是莉莉出生后，苏珊的健康状况恶化。她患上了一种身体逐渐衰竭的瘫痪症，最终无法照看她的孩子。苏珊的姐姐玛尔特搬去帮她照顾家庭。玛尔特照顾苏珊，一直到她去世的1899年2月6日。

第二年，巴特勒再次请求跟爱丽丝的一个女儿结婚。尽管莫奈反对，他和玛尔特还是于1900年10月31日举行了婚礼。巴特勒是一个忠实的女婿，他保证自己和玛尔特绝不会离开吉维尼，这才让莫奈安心，莫奈可舍不得自己的小外孙和小外孙女。

西奥多·罗宾逊

1892年，西奥多·罗宾逊是最初那一批到吉维尼的美国画家中最后一个在吉维尼度过夏天的人。生在佛蒙特州，长在威斯康星，罗宾逊在芝加哥设计学院寻求最初的艺术训练。1870年，严重的哮喘打断了他的学业，健康问题伴随了他一辈子。四年的康复期过后，他进入纽约国家设计院，并于1875年第一次去巴黎旅行。三年后，罗宾逊返回美国，但1884年又去了法国。1885年他初到吉维尼，1887年之后，他一部分时间在巴黎，一部分时间在吉维尼，还会定期返回美国参观展览、拜访画商。

罗宾逊的成熟——他比其他"吉维尼原住民"要大将近10岁，以及他早就经人介绍认识了莫奈，这两点或许也对两人之间牢固友谊的形成起到了促进作用。莫奈家里总是欢迎罗宾逊去做客，但是罗宾逊缺乏陪同比他年长的莫奈出外旅行写生所必需的强健体魄。他把他对摄影的热爱转化成对画室创作的辅助，他不能够在潮湿的田地里或者烈日下待足够长的时间来观察，便用照片来把片刻捕捉下来，带回到画室进行创作。罗宾逊还拍摄了一些吉维尼的居民、艺术群体的成员，甚至穿着工作服和木底鞋的莫奈本人（见第43页）。尽管罗宾逊能够进入莫奈花园，但他并未效仿莫奈的花园题材。他以花园为背景进行风俗画创作，题材是专注于每天的劳动或是在劳作后休息的村庄妇女。

1892年，罗宾逊度过了在吉维尼的最后一个夏天。他选取了一个有利位置，是可以俯瞰村庄的小山顶，在那儿视线穿过塞纳河，朝向韦尔农方向。罗宾逊从这个视角创作了一个系列作品。9月15日，根据罗宾逊的日记记载，莫奈到他的画室里来评价他最近的作品。12月罗宾逊返回纽约之后，两人继续写信保持联系，直到1896年罗宾逊去世。

莉拉·卡博特·佩里

莉拉·卡博特·佩里生于波士顿，她跟莫奈一家建立了长久的友谊。佩里出身富贵，知书达理，于1874年嫁给了英国文学学者托马斯·萨金特·佩里，他是海军准将马修·卡尔布雷思·佩里的侄孙。建立家庭后，佩里开始了绘画训练。在波士顿，她跟随罗伯特·沃诺和丹尼斯·米勒·邦克学画，这二位都推崇室外写生。1887年，她与家人搬到了巴黎，并加入了巴黎的克拉罗斯艺术学院和朱里安美术学院。1889年，佩里想要参观乔治·柏提画廊举办的莫奈作品回顾展，便偕家人到了吉维尼。一位双方共同的朋友把她介绍给莫奈。佩里相信，"莫奈当时还没有充分得到世人的赏识"，当年11月份，她回到波士顿后，满腔热情地为莫奈的作品做宣传，在她的朋友圈里为莫奈找寻赞助人。

布兰奇·欧时狄-莫奈，《吉维尼花园里的桥》[Bridge at the Giverny Gardens]，私人藏品。

为了画水园，布兰奇选了一个有利位置，这个角度让人想到莫奈1899—1900年创作的"日本桥"系列，但是她的风格带着独特的书法笔触，比继父的更有描述性。布兰奇很少在作品上写日期，但是这幅画里藤架上茂盛的紫藤以及盛开在水边的花，记录了水园最繁盛的时期，那些年莫奈专注于创作他的《巨幅睡莲图》。

　　1891年，佩里一家返回法国，在吉维尼度过了夏天。佩里在室内和自然光下画人物习作，同时她也到户外写生。据她丈夫说，她甚至架起画架，画他卧室窗外的景象，"莫奈也曾画过同一片美丽的田野"。1894年，佩里和家人紧挨着莫奈家租下了勒阿莫，一处带花园的房子，她与莫奈的友谊加深了。两家人有许多共同之处，因此成了朋友，莫奈跟来自美国的邻居相处起来，感到完全放松，毫无拘束。佩里回忆说，莫奈常会"信步走进我们的花园，抽完他午餐后的香烟，然后开始下午的工作"。

弗雷德里克·卡尔·弗利西科 [Frederick Carl Frieseke],《百合》[Lilies],芝加哥特拉美国艺术博物馆。

1906—1920 年，美国画家弗利西科和妻子萨迪住在莫奈隔壁。弗利西科声称自己不懂园艺，但是萨迪喜欢栽培花卉。他用妻子照料的花园作为人物习作的背景，画的是自然光线下衣着时尚的女子（见第 88 页细部）。

佩里还分享过莫奈给她的绘画建议。1894年1月，她在波士顿艺术生协会授课。莫奈拒绝带徒弟，但佩里告诉听众，"假如莫奈愿意向学生传授艺术之道，那他将会是一位极能鼓舞人心的师傅"。莫奈建议她视线不要停留在构成画面的实物上，而要聚焦在眼前的视觉元素上。佩里回忆莫奈的话："外出作画时，要尽力忘掉你眼前的实物，一棵树，一栋房子，或者别的什么。只想着，这里是一小块正方形的蓝色，这里是一块长方形的粉红色，这里是一道黄色，就按照眼睛所看到的样子来画。按照你看到的颜色和形状来画，直到画面呈现出你个人对眼前景物的朴实的印象。"从佩里的作品《吉维尼的秋日午后》能看出她很好地吸收了莫奈的指导。明亮的色调，轻轻涂抹，活泼、不连贯的笔触，捕捉到光线的瞬息变化，而非描述景色中那些永恒不变的元素。关于莫奈的艺术使命，佩里给予听众这样一种清晰易懂的解释："莫奈的绘画哲学是画你所实见，而非画你所应见。"

弗雷德里克·卡尔·弗利西科，《蜀葵》[Hollyhocks]，纽约国家设计院。

弗利西科的作品《蜀葵》色彩明艳，可以看出这位美国画家很好地掌握了印象派的技术。画中女子身材纤细，身着知更鸟蛋般蓝绿色的裙装，与周围开满花的高高的花茎很相似。弗利西科使用一种全新的方法来描绘眼前的形象，画下了家庭生活之愉悦。

F.C. Frieseke

莉拉·卡博特·佩里，
《吉维尼的秋日午后》
[Autumn Afternoon,
Giverny]，芝加哥特拉美
国艺术博物馆。

在吉维尼，佩里对户外写
生的兴趣趋于成熟。她与
莫奈建立了牢固的友谊，
莫奈建议她不要追求描写
性的画法，而要把眼睛实
实在在看到的画下来。佩
里接受了莫奈的建议，使
用短促、活泼的笔触，以
橙色、紫色和蓝色，传递
出秋天转瞬即逝的光影效
果（见左图细部）。

除罗宾逊和佩里外，莫奈倾向于跟每年夏天到访的美国游客保持距离。游客人数逐年递增，他对一位美国记者说："我初到吉维尼时，总是一个人，这个小村庄有未受破坏的自然美。如今，这么多艺术家和学生一窝蜂地跑来这里，让我常常有搬走的想法。"考虑到莫奈对他的水园是越来越离不开了，他搬家的想法不过是说说而已。不过，他越来越不愿意打开房门，接待怀着好奇心的仰慕者。另外，除了佩里一家这个明显的例外，他也没兴趣跟新的邻居打交道。

画家弗雷德里克·弗利西科生于密歇根，1900年夏天，他第一次到吉维尼，6年后，他带着新妻子萨迪重返吉维尼，并租下了莫奈隔壁的房子。萨迪热衷园艺，弗利西科经常在花园里画画，让妻子和朋友们在阳光下摆好姿势，这与莫奈在阿让特伊所画作品中带有的温馨气氛十分相似。但是弗利西科住在吉维尼的14年间，似乎跟莫奈没有任何接触。他的一个朋友卡尔·安德森，是作家舍伍德·安德森的兄弟，在1909年来做客时，努力想要在他和莫奈之间搭个桥。星期天一早，安德森和妻子在街上散步。他们走到莫奈花园的围墙前停了下来，安德森把妻子海伦托起来，让她偷看一眼里面的花园。海伦眼前突现了"长胡子莫奈的高大的身影"，莫奈回头看她，"红红的圆脸上略带几分居高临下的表情"。安德森后来发现，如果当时他们请求莫奈的话，莫奈很可能会邀请他们到花园里游览一番。但是他们觉得这种窥视人家的邂逅方式实在是太过尴尬："我们赶紧溜走了，就像是偷摘花的孩子一样。"

第六章

花之圣境

多年来，好几位吉维尼的访客都记录说，莫奈的画室里摆放着一个纪念品，让人好奇。记者安德烈·阿尔尼维尔德于1914年在周刊《无所不知》上发表了一篇题为《走近莫奈——光之画家》的文章，作者回忆说，莫奈陪同他走进画室，并允许他随意参观画作。过了一会儿，莫奈把他的注意力引向一个泛黄的信封，这个信封安放在一个正面是玻璃的陈列柜里的小画架上。信封上写的不是地址，而是一首诗：

> 莫奈先生，轮转的四季，
> 他的目光永远诚实可信。
> 他居住、作画于吉维尼，
> 在厄尔，离韦尔农很近。

莫奈很高兴地解释说，这封信来自他的朋友，诗人史蒂芳·马拉美。信封上虽只写了吉维尼，并无详细的地址，却依然送到了莫奈手中。诗人于1898年去世。近20年后，莫奈依然以这个纪念品所传达的意思为傲：他的艺术，还有他艺术家的身份，成为吉维尼的代名词。

毫无疑问，莫奈也很享受外间流传的关于他花园的各种传说。美国画家菲利普·黑尔声称，莫奈这位坏脾气的画家对他的花儿"充满热情"，且十分疼惜，甚至不忍心让任何人来剪下花枝。记

《鸢尾花》[Irises]（细部），1914—1917年，私人藏品。

1913年，著名的园艺家乔治·杜鲁福前去拜访莫奈，池边栽培的鸢尾花种类繁多，令他印象深刻。这些日本鸢尾在暮春时节绽放，给园子增添了不少东方气息，杜鲁福很是美慕。莫奈在绘画中以微妙的暗示来表达自己对东方审美特质的理解。笔触绵长轻柔，轻涂的颜料如珠宝般明亮，传递了对花朵的感受，其表现力超越了言语描述。

者阿塞纳·亚历山大惊奇道，园艺展览会通常持续不到一周，而
"吉维尼莫奈花园里的花总是开个不休，一切都是精心设计好的，
花之盛会随处可见，此起彼伏，花落自有花开处，'你方唱罢我登
场'。若某个花圃仍处在某个特定的季节里，其边缘和树篱会突然
被花点亮"。甚至没有目睹过莫奈花园的人，也忍不住凭借想象来
描绘一番。1907年，马塞尔·普鲁斯特在《费加罗报》上向读者
表达了他对参观莫奈花园的渴望，他想象构成莫奈花园的是艺术色
彩，而非凡花俗草。有人认为莫奈创建了一座花园，普鲁斯特对此
观点很是不屑，他更喜欢把莫奈的花园想象成一座"色彩花园"，
"因为根据花园的设计，只有色彩搭配的花卉才会同一时间绽放，
在一片无际的蓝色或粉色中十分和谐"。

　　同样毋庸置疑的是，莫奈真的喜欢向访客展示他的花园，繁
花似锦都与朋友们分享。他催促客人在特定的季节、一天的某些特
定时刻前来，以免错过花园里转瞬即逝的效果。在一封写给他的朋
友卡耶博特、未写明日期的信中，莫奈催促他不要推迟赴约："一
定要在周一来到，就如我们约好的那样，因为我所有的鸢尾花都会
盛开。稍晚一些，可能有些花就开完了。"如果客人看中了某一种
花，莫奈常常会送他们球茎或者插枝，让他们回去种在自己的花园
里。莫奈的很多朋友也都热爱园艺。有一次，米尔博在期待一个聚
会，其中包括莫奈和卡耶博特，他写信给莫奈："我们会谈论园
艺，就像你说的，因为艺术和文学都是些空话。"

　　比起谈艺术，莫奈或许更乐意谈花，但是他承认，对他而言，
艺术与花紧密相连，不可分割。在与评论家弗朗索瓦·迪保-西森
的一次谈话中，莫奈曾这样反思，"我会成为画家，也许是拜花所
赐"。尽管他的作品证明了他对大自然的方方面面——光，昼夜交
替与四季轮回之变化，水，还有故乡诺曼底多样的地形，都爱得深
沉，但是花园里景色年复一年的衰落与更新，教会了莫奈去相信大
自然的生生不息。或许，花卉以其天然之美，引导了莫奈早期对色
彩和光影的实验。在吉维尼，莫奈通过数年悉心呵护花园，让他的
艺术创造力重获新生，哪怕是在他生命力开始衰退的时候。

葛饰北斋，《菊花和蜜蜂》
［*Chrysanthemum and
Bee*］，约1832年，伦敦维多
利亚和阿尔伯特博物馆。

莫奈痴迷于日本美学手法
之微妙与精简，他认为这
一手法仅仅以描画部分来
暗示整体图像。浮世绘大
师葛饰北斋对又尖又长的
菊花花瓣处理得淡雅，这
也许影响了同年晚些时候
莫奈创作的菊花。

花卉题材

花卉和花园一直是莫奈艺术主题的重要组成部分。在莫奈艺术生涯前25年所创作的800多幅作品中，有至少100幅画的是花与花园。1883年，在莫奈移居吉维尼以后，此类作品数量稳步攀升，他生命后25年所创作的作品，一半以上是以花为主题的，超过了其他所有主题的作品数量总和，最终成了他独家的表达方式。移居吉维尼，对于莫奈而言，绝不仅仅是居住地点的改变，更标志着他对花卉题材的观察和描绘方式的改变。在早期作品中，花只是莫奈画中的一部分，这一点从他画的巴黎的公园以及阿让特伊和维特伊的花园中可以看出来。偶尔，莫奈也会画花卉静物，比如他1878年画的那一束菊花和1881年画的插满大丽花、锦葵和向日葵的花瓶。六年后，莫奈画花园里的牡丹时，打破了所有的常规（见第46页）。他让拥挤的灌木丛里开放的密集花朵几乎填满了画框。所画的牡丹标志着莫奈开始初步忽略掉所有传统的花卉主题之外的背景。莫奈没有构造一幅符合透视法、有远近空间、边界清楚的图画，而是把目

《菊花花坛》〔Bed of
Chrysanthemums〕（细
部），1897年，巴塞尔艺术
馆。

这些菊花代表了莫奈处理
花卉图像的视觉突破。没
有什么侵入灿烂花朵的景
象中，这些花从左到右、
从上到下填满了整张画
布。通过把花卉的形态从
背景中释放出来——不管
是生长在花园里，还是剪
下来插在花瓶里——莫奈
向花卉绘画的传统挑战，
开创了一种新的视野，
并于下一个十年里在他的
"睡莲"系列中达到巅峰。

光固定在花上，把他细致的观察用纯粹的、画家所特有的语言——色彩和笔触神韵表达出来。

菊花

1898年6月，莫奈在巴黎乔治·柏提画廊展出了4幅菊花作品。尽管上面写的日期是1897年，但莫奈很可能早在前一年的11月份就开始着手创作这几幅画了，当时他在一封信中提到正忙着画花。每一幅画里，菊花都占据了整幅画面，没有任何关于背景的暗示，没有这些茂密植物的轮廓，没有后退的空间感，也没有周围花园的迹象。莫奈只画了花，用纯色的颜料和轻软的笔触来描绘花瓣鲜亮的色彩。莫奈把注意力全部集中在主题上，把背景环境排除掉。如此一来，菊花在他眼中就是一片色域，生动的花瓣成了柔软、充满活力的粉色、黄色、橙色和深红色的斜线，包裹成一个个浓密的球，悬挂在蓝绿色的叶子上。莫奈对这些菊花的处理手法预示着后来他看待睡莲的眼光，包括1897年最初的探索试验（见第57页）和他创作于1904—1908年的杰作"睡莲"系列。

在莫奈画菊花的十多年前，他曾受保罗·丢朗-吕厄委托，在巴黎的公寓餐厅画一套装饰门的板面油画，内容是水果和花卉。好几幅较小的板面画的是单独的花卉——牡丹、罂粟花和菊花，较大的板面画的都是花瓶里的花。1896—1897年的菊花作品也许意味着，较小的板面油画其概念的自然扩张，但在画后面的作品之前，莫奈的注意力被另一个对他有影响的事物吸引了。1896年2月，莫奈与版画商莫里斯·乔怀安通信，他在想方设法来完成他的葛饰北斋创作的花卉版画系列收藏。莫奈询问乔怀安库存中现有的主题："你没有提及罂粟花，它很重要，因为我已经有了鸢尾、菊花和牵牛花。"这绝不仅是狂热的收藏家的渴望，这封信还透露莫奈收藏有葛饰北斋的《菊花和蜜蜂》（见第115页），画中的元素也许启发了莫奈后来创作菊花的手法。葛饰北斋的菊花就是单纯地凑在一起，浓密、尖长的花瓣漂浮在深绿色的叶子上，周围是空白的。

不管莫奈是有意尝试把他在浮世绘大师作品中所看到的运用在

《鸢尾花》[Irises]（细部），约1914—1917年，伦敦国家美术馆。

鸢尾花一直深受莫奈喜爱。初到吉维尼的几年，他就画了田野里的野鸢尾。他还在花园里种了鸢尾花，种在笔直的小径两旁密集的花圃里。许多品种的鸢尾花开放在池塘的岸边。从这幅画中蜿蜒曲折的小径可以看出地点是在水园，莫奈用弯曲的笔触来反映这种节奏，暗示叶子下面有风经过，沙沙作响。

自己的作品中，还是他已经将浮世绘里的思想融入自己成熟的花卉意象之中，他的作品都反映出他对日本美学的赞赏。多年后，在与评论家罗杰·马克思的一次谈话中，马克思极力要求莫奈说出他受谁的影响，莫奈答道："如果你非要找到影响我的人，那就选古代的日本画家吧。"

新发展

在把菊花当作焦点进行创作之后，莫奈的注意力转向了水园，但是20世纪的头三年，他从一个视野开阔的有利位置来研究花园。1900—1902年，他从不同的角度以玫瑰拱廊为题材创作了8幅作

品。面朝房子，或者视线穿过花坛（见第47和第48—49页）。尽管这些作品并不被认为是一个系列，看上去也不是用于展览的，这一小组画作记录了生长成熟的花园。这些作品生机勃勃，标志着莫奈朝着他20世纪的作品方向启程。下一个十年，水园作为花卉主题，占据他所有的注意力，晚年时候，再画花园，他凭借记忆来画，而不是现场的感知。

　　尽管莫奈创作睡莲的热情把他的注意力从传统花卉上转移开了，但花园依旧是他的骄傲和快乐之源。莫奈花园带动了其他居民去栽培自己的花园。1883年莫奈搬到吉维尼时，当地居民家的园子清一色是实用性的：菜园种菜，果园栽果树。几乎没人跟莫奈一样对花感兴趣——杜桑神父是个明显的例外——比起有用的蔬菜和果树，莫奈更喜欢装饰性的花卉，在当地人看来，这是城里来客的奢侈享受。但是，随着到来的艺术家越来越多，吉维尼缓慢而稳定地转变为一个园丁村。1889年，花卉画家玛利基塔·吉尔初到吉维尼。1892—1897年，她和母亲在吉维尼租了一所房子，栽种了一个花园来为自己提供创作题材。她的小花园成了年轻艺术家午后的好去处，他们经常聚在那儿喝茶。莫奈的女婿西奥多·巴特勒也热衷园艺，莫奈是他的榜样。

　　莉拉·佩里一家人的花园是装饰性的，但是在吉维尼，唯一能跟莫奈花园相媲美的只有弗雷德里克和玛丽·费尔柴尔德·麦克莫尼丝所照料的花园。这一对夫妻都是画家，于1897年搬到吉维尼，租下了普利厄尔，这片12000多平方米的土地上原来是一个修道院。夫妻俩把家打造成一个风景之地，用作美国艺术家群体聚会的沙龙。他们遵照正式传统，用几何形的花坛、有边的石子小路和装饰有古代雕塑复制品的露台把花园布置得井然有序。另一位美国画家米尔德里德·吉丁斯·伯瑞吉喜欢麦克莫尼丝的花园甚于莫奈的，因为尽管后者"嘈杂的色彩"让人印象深刻，但前者给人以真正的"休息与平静"。

　　在吉维尼，到莫奈花园里走走，一直是人们最渴望收到的邀请。作为一位印象派的拥护者，年轻的英国画家杰拉德·凯利一直都渴望见到莫奈，到莫奈的画室去欣赏作品。丢朗-吕厄慷慨地表示

《池边的鸢尾花》[Irises by the Pond]，1914—1917年，里士满弗吉尼亚美术博物馆。

花园里的鸢尾花种在花坛里，创造出一种漂浮的色彩迷雾。但睡莲池畔的鸢尾花一丛丛生长得更加自由、偶然。此处，莫奈在画面的中上方用一块亮赭色来暗示弯曲的小路，上面可以瞥见清凉的蓝色池塘。莫奈使用活力洋溢的笔触，把形似鞭绳的叶子和华丽的紫、粉色花朵画成了一道道鲜艳的色彩。

愿意把他介绍给这位法国老画家，但是有一个条件：凯利要准备好跟莫奈深入地谈论园艺。于是凯利回到英格兰，重温他的园艺学知识，紧张兮兮地为这次见面做准备。可当他怀着朝圣的心情终于见到莫奈时，却发现莫奈对谈话并不感兴趣。他只想带着凯利在花园里参观。当日天气阴沉，凯利建议说，还是待在画室里的好，莫奈却反对："不，不，到花园里来，你必须要看看我的花，它们很漂亮。"老画家宣称阴沉的天气非常适合赏花，过多的阳光反而"把花给毁了，花在强光下太过耀眼，根本无法看清"。可惜过了一会儿，太阳冲破云层照了下来，莫奈恼怒地叹了口气："这下好了，太阳来了，咱们回画室去吧。"凯利终于松了口气。

打破平静

1910年初，一场危机摆在莫奈面前，打破了吉维尼的平静生活。前一年异常的大雨，塞纳河谷地区遭遇洪水，1910年1月，河水冲破了堤岸，把周围低洼的地方都淹了。吉维尼位于一个山坡上，因而大部分地区得以幸免，但是洪水淹没了大路，还有郊区通往艾普特河的下斜坡的村庄，里面的房屋和农场都被淹了。莫奈的房子在洪水影响的范围内。水园完全被淹了，只有日本桥还露出水面以上。洪水穿过莫奈花园前的路，流入花园中，退去之前已经把半个玫瑰拱廊淹了。

米尔博写信给莫奈，鼓励他一定不要丧失希望："要记住，我

《睡莲和百子莲》［*Water Lilies and Agapanthus*］(细部)，1914—1917年，巴黎玛摩丹莫奈美术馆。

1912年，莫奈被诊断出双目皆患有白内障。尽管医生保证手术后一定会好，但他仍拒绝手术，因为害怕他的眼光会被无法挽回地改变。为了适应渐渐模糊的视力，莫奈避免在早晨光线明亮的时候工作，他发现自己在柔和的光线下可以更精确地观察。他描绘睡莲和百子莲所用的柔和的色调，让人感受到傍晚前的天色变暗，精致的画面表明他敏锐的观察力并未减弱。

左图，安德烈·阿尔尼维尔德，《克劳德·莫奈在画室里》[Claude Monet in his Studio]，约1915年，私人藏品。

1897 年，莫奈建了第二个画室，他保留了第一个画室，兼做客厅使用，以便接待来访的客人。墙上挂着的画会定期更换，其中有一部分是从尚未售出的作品中精选出来的，还有一部分是新作品。莫奈还用他最喜欢的照片来装饰这间屋子。

亲爱的朋友，你的损失是最小的。你那漂亮的花园，它是你生命中最大的乐趣所在，它一定没有遭受大的破坏，定会重见天日的……来吧，我亲爱的老莫奈，拿出你的勇气来。"米尔博没说错。到1910年2月初的第一周时，洪水开始退了，但莫奈的绝望情绪比洪水要退得慢。尽管一些植物死掉了，但整座花园还是保存了下来。在修复水园的过程中，莫奈让人做了最后一次扩建，并让工人们加固了堤岸。

右图，《玫瑰》[Roses] 1925—1926年，巴黎玛摩丹莫奈美术馆。

莫奈喜欢攀缘的玫瑰，在两个园子里都种了许多。水园里，玫瑰覆盖的藤架，遮蔽了不甚美观的铁轨；花园里，玫瑰蔓生，爬满了游廊上的藤架，横跨花园主路的拱廊上也都缠绕着玫瑰。莫奈用一系列相似的颜色画下了玫瑰花，配以淡蓝色、点缀着白云的天空为背景。明亮的粉色花朵就像波光粼粼的池面漂浮的睡莲一样。

洪水退去后，莫奈却没有多少心思来修复花园。1910年3月，爱丽丝被诊断出患有髓细胞性白血病。女儿去世后，爱丽丝的状态一直都很脆弱，不时感到灰心丧气、筋疲力尽。3月上旬，她虚弱得卧床不起，到4月中旬，医生说康复的希望很渺茫。爱丽丝的症状在夏天有所缓解，她有了些力气，离开卧室，到花园里去和家人一起午餐。但大部分时间里，她的健康状况都不稳定。1911年春，爱丽丝旧病复发，于5月19日撒手人寰。

三天后的葬礼上，莫奈看上去极度悲伤。失去了生活伴侣的莫奈感到茫然无措。他的朋友若弗鲁瓦和克莱蒙梭都极力劝说他继续工作，希望他能在工作中找到慰藉。10月，莫奈告诉丢朗－吕厄，

他准备对几幅画加以修饰，这些画都是跟爱丽丝一起在威尼斯时画的。但是他绝望地放弃了，写道："我彻底受够画画了，我要把画笔和颜料都收拾起来，再也不碰了。"

折磨莫奈的不仅有丧妻之痛，还有忧子之心。他的大儿子让受持续性神经衰弱折磨数年。儿子的身体日益虚弱，医生却无能为力，既无法诊断也无法治疗。1910年，让丢掉了在鲁昂当药剂师的工作。在莫奈劝说下，他和布兰奇搬回了吉维尼。刚开始时，让感到精力充沛，精神乐观，还在附近的博蒙莱罗热经营起一家鲑鱼养殖场。可是1912年，他的健康状况又变坏了，这一次让出现了精神崩溃，医生认为是脑充血造成的。让的健康状况持续恶化，变得十分虚弱。那年夏天，他中风了，之后他的行动能力和理智一直都没能完全恢复。1914年，让到莫奈的画室里去看他，突然倒了下去，之后不久，让于2月9日去世了。

祸不单行。在让的健康状况变糟时，又来了坏消息。在忍受

Blanche Hoschedé

左图，布兰奇·欧时狄–莫奈，《吉维尼玫瑰藤架》[The Rose Arbour at Giverny]，私人藏品。

这幅画作色彩鲜艳明亮，画中玫瑰藤架上鲜花朵朵盛开，可以看出，布兰奇作画之时，正是玫瑰花绽放最美之时，通常是在6月份。1913年，乔治·特吕弗[Georges Truffaut]参观花园时，注意到莫奈种植的玫瑰花数量繁多，用途各异。他把满园鲜花的景象比作一场烟火表演，评论说，路人从门前经过，瞥见里面色彩之斑斓，"一定很渴望置身于这般仙境中"。

右上方图，尼古拉斯·默瑞，《莫奈坐在玫瑰门下》[Monet under the Rose-Covered Gate]，1926年，纽约罗契斯特市乔治·伊士曼故居。

莫奈经历了妻子离世、儿子病重、自己患上白内障三重打击，他的忧伤雪上加霜。那段坎坷的岁月里，朋友们都劝他在画画中找寻安慰，他却无心下笔。但是莫奈在花园里逗留的时间很长，他观察大自然的生生不息，一岁一枯荣。当再次拿起调色盘时，他画下了他的花园和通往睡莲池的藤架，发现他最喜爱的题材帮他找到了新的生活目标，他又有了创作的动力。

右下方图，安德烈·阿尔尼维尔德，《克劳德·莫奈在创作中》[Claude Monet Painting]，1913年，巴黎卢浮宫。

1913年11月，流行周刊《无所不知》[Je Sais Tout]的记者安德烈·阿尔尼维尔德到吉维尼采访莫奈。莫奈坦言："我现在不会花很多时间画画……有三年的时间由于特别伤心痛苦，我根本就没法工作。"在阿尔尼维尔德到来的几个月之前，莫奈又开始工作了。阿尔尼维尔德拍了一张莫奈在画室里工作的照片来作为他文章的配图。照片里莫奈在修描他最近的一幅作品，画的是夏天灿烂的玫瑰花拱。

了多年的头疼和不时发作的视疲劳后，莫奈终于去求医诊治自己视物模糊的毛病。1912年7月26日，莫奈两只眼睛都查出患有白内障。医生建议做手术，并坚信手术后一定会康复。但莫奈拒绝接受手术，他说："手术本身没什么，但手术后我的视力就被彻底改变了。"手术结果无法预测，莫奈不愿冒这个险，他只好接受自己不断衰弱的视力，指望将来用自己的感官记忆来点亮日益黑暗的世界。

卡米耶和苏珊过世后的几个月里，莫奈发现画画对自己几乎起不到任何疗伤作用，爱丽丝离他而去时，也是如此。查出白内障

《吉维尼花拱》
[Flowering Arches,
Giverny]，1913年，菲尼克
斯艺术博物馆。

在几乎没有任何创作活动
的三年之后，莫奈画了三
幅画，题材是水园里开满
玫瑰花的藤蔓架，开启了
莫奈创作生涯最后一个阶
段，也是最专注的阶段之
一。莫奈取景地点在池塘
东岸，这个有利位置让他
视野开阔，看到新修复的
水园全貌，也让他重新认
识了他最喜欢的主题：他
的睡莲，还有水面微光闪
烁的倒影。雾气蒙蒙的氛
围，变化无常的天空，能
够看出，尽管莫奈的视力
不稳并日趋衰弱，但他
的艺术表现力并未随之
减弱。

后，1912年夏天，莫奈尝试着画了一次画，他在花园里支起画架，以房子为题材画了两幅，但是他心情沉郁，又想到以后自己就看不清东西了，自信心备受打击。莫奈感到自己像个"初学绘画的菜鸟一样什么都不会了"。但是新的一年里，莫奈跟小儿子米歇尔、外孙吉米和外孙女莉莉一起去了圣莫里茨（St. Moritz，瑞士东南部城镇，疗养胜地）旅行。回来后，莫奈情绪变好了，写信给丢朗-吕厄说他计划去瑞士画画。

1913年7月，乔治·特吕弗到莫奈家拜访。他是著名的植物学家，还创作了多本关于园艺的书，非常畅销。莫奈自豪地陪同他游览了花园和水园，两个园子都修复得壮观如初。特吕弗对莫奈的鸢尾花印象非常深刻，他鼓励菲利克斯·布勒伊写一篇关于他在花园和水园所培育的各种类植物的文章。布勒伊写完以后，特吕弗将其发表在期刊《园艺》上。很久之后，在1924年，特吕弗写了一篇文章介绍莫奈的花园。在一份关于两个园子里植物的、极为详细的目录后面，特吕弗称赞莫奈是"所有的花卉装饰师中最伟大的"。他承认莫奈是卓越的画家，但还是得出结论"莫奈最美丽的作品，在我看来，是他的花园"。

那年夏天晚些时候，莫奈画了盖满玫瑰花的爬藤架，从水园的位置望过去，植物生长如此茂盛，掩盖了后面的铁路轨道。莫奈把画架摆放在池塘东岸，视野越过水面，十分开阔，池面闪着微光的倒影，还有在天空映衬下让人心旷神怡的花拱，在此都一览无余。莫奈画了三幅，作为一个小系列，同一个位置角度，观察光线的瞬息变幻。其中一幅能让人感受到薄雾从波光粼粼的水面升起来，淡色的睡莲从玫瑰花柔和的倒影上漂过。画面十分漂亮，色彩精妙，气氛可感。根本看不出莫奈情绪低沉，力量衰弱或者视力受损。莫奈回到花园里，重新找到生活的使命感。他再一次拥抱自己的绘画创作，表达了对大自然壮丽景观的惊奇，找寻到在花园里创作的满足感。

第七章

宁静的池水

1914年4月30日，莫奈与他的老友若弗鲁瓦分享了振奋人心的消息："我现在状态很好，充满了画画的欲望。"那个时期莫奈的生活连遭不幸——他失去了妻子和儿子，沮丧的心情让他毫无创作欲望，他多次说要放弃绘画，朋友们都相信这绝不是玩笑话。在许多封信中，莫奈哀叹，内心的绝望让他的感官变得迟钝，对周围的世界完全提不起兴趣。更糟糕的是，莫奈的自信似乎被击垮了。丢朗-吕厄努力说服莫奈，他的作品是有极价值的，莫奈反驳说："我现在才意识到，自己所谓的成功，都是浮名虚誉罢了。"就连长期以来追求至臻之境的不懈干劲儿也让他失望了，他坦诚地说："衰老和不幸耗尽了我的元气。"1913年初，他答应了代理商的请求，再把几幅作品修饰一下，但他说："做完这个，我就不干了。"

现在，在儿子去世几个月以后，莫奈不仅消除了朋友们的担忧，还向若弗鲁瓦保证，他已经做好准备迎接新的挑战了："我甚至计划着手创作一些大幅作品，我在地下室里发现了以前尝试画的一些东西。"莫奈指的是1897年画睡莲的初步习作（见第57页），他曾在一次采访中向记者莫里斯·吉耶莫［Maurice Guillemot］展示过。吉耶莫觉得这些画"梦幻般"精妙。更吸引人的还在后面，莫奈计划探索用巨幅画作来装饰一个圆形房间的可能性。走进这样的房间，仿佛置身于静水浮莲之中，赏心悦目，心旷神怡。他画下这些习作后的几年里，遇到继女苏珊过世带来的悲伤，以及其他一些烦恼，他被迫中断创作，休养身心。1899年夏，莫奈恢复了

《晨，巨幅睡莲图》
［*Morning, Grandes Décorations*］（细部），
1920—1926年。

工作，他把注意力放在"日本桥"系列上，没有再去管那些睡莲习作。

但是，用一整套画作让观赏者沉浸在睡莲池的感官体验中，这个想法莫奈从未忘记。"睡莲"系列画展出之前，他与评论家罗杰·马克思有过一次交谈，莫奈提到了这个计划。"有一小阵子，我很想用睡莲作为房间唯一的装饰主题。一幅幅画作沿着墙壁环绕在一起，统一的主题，让人产生池水无边无际的浑然一体之感。"这样的房间在莫奈看来是庇护所，让人忘却心头忧愁。"在这儿，"莫奈解释道，"因过度工作而疲乏焦虑的神经得以放松，心境变得如池水般静谧。"

莫奈想要在室内装饰方面探索他的艺术主题，这个想法源自1894年，他从朋友古斯塔夫·卡耶博特在小吉那维里耶的房子餐厅的装饰中获得了提示。他可能还从日本屏风中得到了灵感。屏风可以围绕观赏者放置，使其满眼都是精致的画面。莫奈显然对别人说过他的想法。亚历山大·阿尔塞内在《喜剧》杂志上写了一篇评论"睡莲"系列的文章，他在文章中哀叹，这些画作即将散落四方，使得莫奈创作巨幅画作，让"充满神秘魅力的倒影"环绕房间的想法更加难以实现。

莫奈的朋友们也都希望他能够实现装饰画的梦想。1908年，若弗鲁瓦成了高伯兰国家制造中心的主任，任命他的人是克莱蒙梭，克莱蒙梭于1906年开始担任法国总理。若弗鲁瓦把第一份创作委托授予了莫奈，要他把早期的一幅睡莲画转换成地毯设计。设计方面的工作1910年才开始，后来任务增加到三张地毯，直到1913年才完成。尽管莫奈感到情绪紧张，但他发现这项工程的每一步都很有趣。莫奈依然保留着一个更宏伟的想法，一个让观赏者置身于他的睡莲池的神秘和魅力之中的想法。

莫奈决定重启他的计划，创作装饰性的睡莲组画。他在给若弗鲁瓦的信中似乎暗示这个决定是心血来潮的，其实不然。专注于"睡莲"系列的几年，他对这个主题的无限可能性深信不疑，他要求丢朗-吕厄把这些作品当作一个视觉整体，不需要文字说明，这也说明他深信这些作品的装饰潜力。在展览期间，他对马克思和亚历

《吉维尼的睡莲池》
［The Water Lily Pond at Giverny］，1918—1919年，格勒诺布尔博物馆。

莫奈承诺把《巨幅睡莲图》献给法国，随后的几个月里，他把精力从手头的工作转移到睡莲池一个宁静怡人的角落。从这一有利位置，望着日本桥对面弧形的池畔，他创作了好几张小幅画作。池塘的这个角落有种幽静舒适的包围感，背景里的树木让这个好似凉亭的空间轮廓分明，岸边绿草如茵，草地上长满了蔷薇花。

山大都提到过这个计划，而且没有阻止他们将此写进文章里跟读者分享。还有证据表明远在描述给若弗鲁瓦之前，莫奈就重新发现了他的旧习作。其中一幅装在画框里，挂在画室兼客厅的墙上，我们从1913年11月安德烈·阿尔尼维尔德到吉维尼采访莫奈时拍的一张照片里可以看到（见第124页）。

长期不创作的莫奈于1913年画了玫瑰拱门（见第128页）。但这个小系列也可以看作一个新挑战的序曲。1905年，在"睡莲"系列的创作过程中，莫奈从对水面的专注中抽离出来，画了几幅日本桥的风景画，似乎是在重新调整视野。此次调整后，莫奈用更大胆的方式来呈现水面景观，把所有能让人想到周围地面的内容都去掉了。玫瑰花拱的全景图可能也是为了相同的目的，把视野建立在整体水园基础上，以水园的整体为背景，观察最细微的差别和无穷的细节。

1914年夏，莫奈又开始画画了，他画得快速又自信，用前所未有的自由笔触和色彩，捕捉到最难以捕捉的光影效果和变化。作品的规模也是前所未有的大，画布是"睡莲"系列的两倍大。莫奈头顶着一把巨大的阳伞，坐在一个高凳子上才能够得着。他还学着适

《紫藤》［Wisteria］，1917—1920年，德勒，马赛尔·德赛艺术历史博物馆。

莫奈把《巨幅睡莲图》设想成一个连续不断的全景图，"睡莲……散布于巨大的水面上"。但是进入房间需要有门，就会使画面不连续，这是一个实际问题。克莱蒙梭开玩笑说，应该把参观者从天花板上丢进屋子里，这样才能不打断画面连续的效果。莫奈的回应是，画了紫藤枝，在背景天空的映衬下，可以作为门上面的横饰带，把画面连接起来。

亨利·曼努尔，《莫奈在吉维尼的第三画室里》[Monet in his Third Studio at Giverny]，约1924—1925年，私人藏品。

1915年，莫奈在他吉维尼的土地上建了第三个画室。室内是巨大而连贯的空间，阳光从北面的窗子涌进屋里，这是他创作《巨幅睡莲图》的绝佳场所。大幅的画布放在滑动装置上移动，这样便于莫奈把不同的画板放置在一起来研究它们是否彼此和谐一致。照片中的莫奈身后是四个画板，共同构成了《晨》（现藏于巴黎橘园美术馆）。

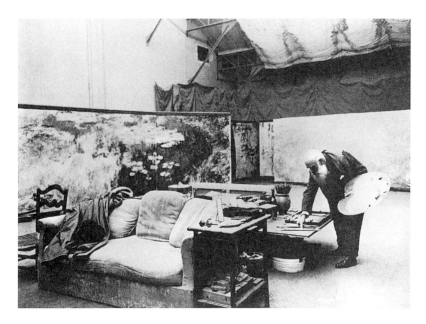

应自己视力的限制，为了避开耀眼的阳光，他选择大清早或者傍晚的时候工作。沉浸在工作里的莫奈再次精神焕发，他写信告诉丢朗-吕厄，他每天凌晨4点钟起来工作，一直干到晚上筋疲力尽才肯休息。他打趣地承认，"你知道我这人不爱半途而废"，并且向代理商保证，他的健康状况良好，就连视力都很稳定。

和平被打破

夏天结束前，莫奈平静的生活被迫中断。1914年6月28日，斐迪南大公遇刺身亡。随后，围绕奥匈帝国皇位继承人的问题爆发了冲突，进一步导致了东欧的战争。1914年8月初，德军向西进军，入侵卢森堡和比利时。法国被推入战争，北方告急。

正式宣战后没几天，让-皮埃尔·欧时狄就被动员起来，并被派往前线，这让莫奈十分悲伤。莫奈年龄最小的继女热尔蔓当时已经成家，跟随家人搬到了法国中部的布洛瓦，那里相对安全一些。莫奈害怕他最小的儿子米歇尔会被征召入伍，但眼下米歇尔还跟父亲和布兰奇在家里。布兰奇的丈夫去世后，她就搬了回来。9月1日，

莫奈把这个消息告诉若弗鲁瓦，也说了自己留下的决心："至于我自己，我要留下，那些野蛮人就是要杀我，也只能在这一幅幅画中间动手，我生而为画，死也要死在我的画前。"

　　战争初期，莫奈痛苦不已，无法下笔。睡莲的季节已过，直到11月下旬，他才感觉能够恢复工作。他在画室里根据自己的记忆来作画，调整大幅习作的色彩效果。他再次全身心投入工作中，想要"忘记艰难困苦的时光"。但持续燃烧的战火侵入了他在吉维尼与世隔绝的生活。他担心继子的安危，克莱蒙梭和雷诺阿的儿子都受了伤。他的儿子米歇尔平安无事，幸运地躲过了征兵，但是，1915年，米歇尔也被用船送到了前线。莫奈坚持工作，但对若弗鲁瓦坦

《莫奈倚靠在日本桥栏杆上》[Monet Leaning on the Japanese Bridge]，1926年，巴黎克莱蒙梭博物馆。

莫奈最初设想用一组作品来再现水园给人的感官体验，他试图表达一种安宁、幽静的心情，抚慰疲惫的心灵，缓解紧张的神经。多年来，睡莲池每每都能让莫奈的灵魂得以放松，哪怕是他虚弱得无法画画时，池塘也依然有激发灵感的力量。

言，他感到内疚，感到对自己太过放纵："我应该感到一点惭愧，想想我对形式和色彩研究得那么少，而那么多人为我们受苦，为我们牺牲。"

但莫奈以自己的方式为抗战尽了一份力。一家治疗伤员的医院在普利厄尔建立，这房子过去是麦克莫尼丝一家住的，莫奈给医院供应所需要的全部蔬菜。1915年，他还允许他的朋友、演员、剧作家兼导演萨沙·吉特里[Sasha Guitry]拍摄他正在创作的镜头，用来制作一部关于法国文化遗产的爱国纪录片。

在一封日期为1915年1月15日、写给卢浮宫之友协会前主席雷蒙德·科驰林的信里，莫奈第一次把他正在创作的作品称为《大型装饰画》。他很简练地对科驰林概括了自己的计划——"水、睡莲、植物，遍布于超大的水面"，但是他强调了这项任务的规模之大，特别是考虑到自己年事已高。6月，莫奈招待文学社团龚古尔学院的成员，举办了一次会议，包括他的朋友米尔博和吕西安·德斯卡夫，德斯卡夫为《巴黎杂志》描述了此行的经历。他表达了对新睡莲作品规模的震惊，他还强调，在这些作品面前，他那些口齿伶俐的同事都站着不吭声，只能说一句："太美了！"他还说，这个画室无法容纳如此大幅的作品，但是现在莫奈计划新建一间足够大的画室。新画室8月开始修建，10月下旬完工。莫奈后悔花了那么多钱——是他25年前买房子和土地价格的两倍，还有毫无美感的室外装饰，让周围的美景也跟着打了折扣。但是新画室空间宽敞，北边的光线通过玻璃顶棚照进来，有百叶窗控制光线，给莫奈提供了完美的工作环境。

1916年最初几个月，莫奈不停地工作。2月份，他写信给继子让-皮埃尔，"我这该死的工作把我迷住了，我一起床就跑到大画室里"。5月份，他告知科驰林，他的视力"没有问题，足以让我努力工作，创作这让我着迷的《巨幅睡莲图》"。拍摄于这个时期的一组照片记录下莫奈的创作进展。一整年，莫奈都忙于把他在水园现场观察到的转瞬即逝的效果转移到巨幅画布上，他称这些画布为"画板"。这些作品可以并排放在一起，创造一个广阔而连续的画面，在观者看来，是一个展开的整体画卷，而非按顺序排列的一

组画作。有4幅画出现在照片中，一封11月份写给画商贝尔南－热纳兄弟的信证实其中一些作品已接近完成。

但是，当莫奈看着回到家中的儿子因在凡尔登的经历而饱受精神创伤时，这位老父亲的情绪也低沉了下来。1916年12月14日，莫奈告诉萨沙·吉特里，他现在害怕自己涂抹修改反而会毁了画作。新年到来时，莫奈的自信心摇摇欲坠，他写信给若弗鲁瓦，说："我现在什么事情都不敢做了。"次年2月16日，他亲爱的朋友米尔博离世了。莫奈终于感到自己老迈、力衰，大限将至。

莫奈此时认为《巨幅睡莲图》是无法逾越的挑战，他拒绝访客进入画室。丢朗－吕厄的儿子乔治和

《日本桥》［*The Japanese Bridge*］，1918—1924年，巴黎玛摩丹莫奈美术馆。

莫奈的视力迅速恶化，他不得不凭借记忆来创作。1921年他对一名记者说："我会在几乎失明的状态下作画，就像贝多芬曾在几近失聪的状况下作曲一样。"这段时间，他创作了一个日本桥的扩展系列。这些画作的变化让人吃惊，色彩刺目，摇摆不定，笔触厚实，就像用力肆意画上去的一样。

约瑟夫请求为作品拍照，但莫奈拒绝了，警告他们谈论这些作品的销售前景是"毫无用处"的。不过，11月11日，莫奈态度软化，同意拍照。照片显示了创作进度快于预期。12幅作品，大约2米高、4.3米宽，上下两边都有临时的画框。画架安装在有轮子的滑动装置上，便于莫奈安排作品，让画面里的池水从一块画布流淌到另一块画布上，看上去就像是一个巨大的整体之作。这组画依靠主题来区分：垂柳、百子莲和鸢尾花。莫奈允许丢朗-吕厄兄弟拍照，但警告他们，自己不会让他们带走任何一幅作品或者习作，莫奈坚持他需要所有的作品，才能继续工作。其他访客也到画室里来，包括贝尔南-热纳兄弟，莫奈则能量满满地继续埋头苦干。

《从玫瑰花园看到的房子》[*The House Seen From the Rose Garden*]，1922—1924年，巴黎玛摩丹莫奈美术馆。

右眼第三次手术后，莫奈的色觉变得不平衡。这并非非常反应，但一开始他看所有的色调都带有些黄色。数月里，黄色又变成了蓝色和紫色，这是更加典型的手术后果。莫奈依赖对特定颜料的记忆继续作画，但从这幅画中使用蓝色之夸张能够明显看出蓝视症对他的影响。

为国献礼

1918年11月12日，莫奈给克莱蒙梭寄了一封信，宣布他想要为祖国献上一份礼物："我马上就要完成两幅装饰画了，我想在胜利的那一天签上名字，现在写信问您，是否可以由您充当中间人，把作品献给国家。"战争期间，克莱蒙梭主持参议院武装部队委员会，他是位坚决果敢的领导者，人送绰号"老虎"。1918年3月，协约国军队在距离巴黎不远处阻挡了德军，为反攻创造了机会，并最终赢得了战争的胜利。第一次世界大战的停战协定于1918年11月11日签订，一周后，克莱蒙梭来到吉维尼。在莫奈的催促下，他挑选了两幅作品，一幅睡莲图，一幅垂柳图。但在交谈过程中，克莱蒙梭说服莫奈考虑为国家献上一份更大的礼物：把整个《巨幅睡莲图》献给国家，找一个合适的地方收藏，作为一个公共纪念馆陈列于巴黎。陪克莱蒙梭同行的若弗鲁瓦观察到，莫奈仿佛年轻了10岁，把这份准备献给祖国的礼物描绘为"为纪念战争的胜利与和平的到来献上的一束花"。

将近30年前，克莱蒙梭在对"鲁昂大教堂"系列的评论中，向时任法国总统进言，希望国家能够买下整套作品，完整地收藏。现在，作为法国总理，克莱蒙梭有能力帮助莫奈实现把作品献给国家的想法。随后的两年，克莱蒙梭寻求政治方面的支持，并为这个

项目拨出必要的资金。莫奈则考虑选出12幅画，作为最后的完整系列。把作品安装到室内空间的实际操作，带来了新的问题。莫奈为了展示自己的计划，把作品放在带轮子的大型画架上，排列成环形，环绕在克莱蒙梭周围，效果让克莱蒙梭赞叹不已，但他惊呼："门！问题就在于门……不应该从门进去，应该有一个类似电梯的东西，把人直接放到画室的中间！"于是莫奈又开始创作另一个系列的横幅画作，内容是开满花的紫藤，背景是细微调整过的天空。

左图, 尼古拉斯·穆雷,
《莫奈在睡莲池畔》
[*Monet Beside the Water
Lily Pond*], 1926年, 纽约
罗切斯特乔治·伊斯曼纪
念馆。

1926年春, 莫奈的健康状
况开始衰退。他私下里向
朋友吐露, 感到自己太老
了, 虚弱得无法继续工作。
整个夏天, 他都遭受咽喉
感染的折磨。他的胃口越
来越小, 由于咳个不停,
还被迫戒了烟, 抽烟可是
他最大的乐趣之一。但是,
花园带给他的乐趣一直持
续到生命的尽头, 只要他
还有一点力气, 就要让人
护送他到水花园里去, 坐
在他的池塘边。

　　他建议把这个系列作为横饰带, 安装到打断环形睡莲画出入口的上方, 这样画面的连贯性便不会被打断了。

　　创作新作品让莫奈无法专心完成挑选主要画作的任务。很快, 他又着手创作数个新系列, 包括与巨幅睡莲图无关的睡莲和日本桥画作。克莱蒙梭很快意识到, 很难从莫奈那儿把画拿走, 莫奈坚持认为, 除非他对整套系列作品完全满意了, 否则不会让人把画带走。

　　1920年1月, 克莱蒙梭竞选总统失败。尽管他的影响力有所下降, 但仍然在前工商部长艾蒂安·克雷蒙戴尔的支持下继续推动该项目的进展。当年6月, 艺术部提议, 在毕洪府邸的庭院里建造一个圆形大厅, 毕洪府邸是雕塑家奥古斯特·罗丹的故居与雕刻室, 1916年他去世时立遗嘱将其赠予国家。夏末, 著名建筑师路易·邦尼耶受雇, 经过与莫奈的密切商讨, 他拿出了设计方案, 室内呈环形, 前厅两侧各有一个窄门可供出入。从12月份邦尼耶设计的方

上图，《睡莲》［Water Lilies］，约1920—1926年，密苏里州堪萨斯城纳尔逊·阿特金斯艺术博物馆。

在创作《大型装饰画》的过程中，莫奈画了40多幅作品。在对光色效果的探索中，每个主题都创作多幅作品，如百子莲主题，对主题的坚持反映出他也通过不同画作之间的组合来进行试验。尽管在最初的三联画中，左边和中间两幅主要是更加明亮的蓝色调，而这幅是柔和的薰衣草色调，但水的流动和睡莲的图案将这3幅画和谐地统一起来。这3幅作品现分别藏于不同的博物馆中。

案来看，画作的排列方式为：两个门之间是《绿色倒影》组画，门上方是《紫藤》，然后，顺时针方向依次为《云》《三棵垂柳》和《百子莲》组画。

1921年初的几个月里，国会对该项目的支持产生了动摇，4月份，邦尼耶的设计方案因其造价过于昂贵而遭到否决。艺术部部长保罗·里昂［Paul Léon］提议把作品放置在一座巴黎现有的建筑里，建议选择杜伊勒里公园里的网球场或者橘园。克莱蒙梭极力劝说莫奈做出让步。莫奈不情愿地同意把巨幅睡莲图安置在橘园里，为此，橘园要进行大量改建。狭长的空间可以修盖两间椭圆形房间，整个秋天，莫奈都在提议增加作品的数量，从12幅增加到20幅，以便填满多余的空间。1921年12月，路易·邦尼耶被解雇，由卢浮宫的建筑师卡米耶·勒费夫尔接替。1922年1月，计划的作品数量增加至22幅，对此，莫奈感到必须对作品再加以修描，调整单独画作之间的关系，以及增进组画之间的协调性。1922年4月12日，莫奈在"赠予书"上签字，"赠予书"直到6月才最终确定。那个夏天，老莫奈不顾自己气力衰弱，依然紧张地工作，他声称："在我什么都看不见之前，我想把所有能看见的都画下来。"

"我糟糕的视力"

　　初步诊断出白内障后，莫奈坚持认为他的眼睛没有问题。但到了1919年，他不得不承认自己视力变差了。数年来，他一直避开正午刺眼的阳光，而如今，甚至是撑开遮阳伞都无法保护他衰退的视力不受刺眼的水平光线伤害。1920年，莫奈对记者弗朗索瓦·迪保尔-西森解释说，他只能够忍受清早和晚上的自然光，只能够凭借印象作画，而不能够一边观察一边创作。1922年8月11日，莫奈在给贝尔南-热纳兄弟的信中写道："我糟糕的视力让我看什么都像是隔了层雾。"当年秋天，在克莱蒙梭的极力劝说下，莫奈请老政治家的朋友、著名的眼科医生夏尔·库泰拉 [Dr. Charles Coutéla] 给他做了检查。检查结果十分严重：莫奈的左眼还剩百分之十的视

《黄昏，巨幅睡莲图》
［Sunset, Grandes
Décorations］（细部），
1920—1926年，巴黎橘园
美术馆。

色彩柔和，并以闪烁的黄
色逐渐变成橙色和玫瑰色
来衬托，莫奈捕捉到了日
落时那让人印象深刻的晚
照。天空逐渐变得暗淡，
睡莲闭合，池水也变得不
透明了。斜阳的角度太低，
平静的水面没有倒影，但
最后的余晖给部分池水披
上了温暖、金黄的颜色。

力，右眼失明。医生说右眼要动手术，但是莫奈对手术很抵触，他
坚持认为使用眼药水就能够减轻症状。第二年，莫奈的态度终于缓
和了。治疗过程有两个手术，分别在1923年1月10日和31日进行。
事实证明，莫奈是一个很难对付的病人，好在他身体健壮，恢复得
也快。2月17日，库泰拉把莫奈从诊所里放了出来。

　　同年，并发症让莫奈接受了第三次手术。尽管库泰拉声称治
疗过程很成功，莫奈还是对这个治疗结果不满意。手术当月晚些时
候，莫奈告诉库泰拉，他能够读一点东西了，但是光线强了看不
清，距离远了也看不清。他说他戴的眼镜不管用，后悔做了这个
"要命的手术"。"请原谅我的直白，"他写道，"我认为您把我
置于如此困境中是一种罪过。"夏天，莫奈得了黄视症，这是一种
颜色感知的失调，无论看什么，都带有很明显的黄色，这也是白内

《绿色倒影，巨幅睡莲图》[Green Reflections, Grandes Décorations](细部)，1920—1926年，巴黎橘园美术馆。

池面的睡莲散漫地漂浮着，这让莫奈对睡莲主题之千变万化深信不疑。此处，莫奈的视线掠过水面。他的视角很低，池水占据了整幅画面，不知何处是岸。冷色调的画面让人感受到清爽的氛围，池塘周围绿树成荫，倒映在水中，呈现一片浓浓绿意。

《晨，巨幅睡莲图》［*Morning, Grandes Décorations*］（细部），1920—1926年，巴黎橘园美术馆。

早晨，青翠的池岸环绕着变幻的池水。日出睡莲开，颜色鲜艳，在淡绿色的浮叶上，发出珠宝般的光芒，浮叶聚集在池塘的边缘附近。池水流动的节奏把4幅画作统一起来，共同构成《晨》之组画。睡莲随着微波起伏，清晨的池面开始出现一些斑驳的倒影。

障手术的常见后果之一。莫奈戴上有色眼镜来调整，但他无法忍受自己眼中的世界经历如此巨大的改变。他于8月23日给克莱蒙梭的信中写道："我还不如失明的好，那样至少还留有对美丽景物的回忆。"

数月过后，莫奈的黄视症消退了，变为更常见的蓝视症，他对色彩的感知从黄色变为了蓝色。左眼的视力持续弱化。克莱蒙梭建议莫奈再做一次手术，他反驳说："除非有这么一位画家，不论什么样的画家，他动过这种手术，来告诉我说他看颜色还跟以前一样，否则我是不会接受手术的。"11月，莫奈写信告诉克雷蒙戴尔，尽管他视力有损伤，但他又拿起画笔了。

之后的几个月里，库泰拉试图用不同的眼镜来为莫奈缓和色彩的失调。1924年，画家安德烈·巴尔比耶说服莫奈尝试一种新型的德国眼镜。眼科医生雅克·玛瓦思到吉维尼为莫奈配了一副蔡

《有鸢尾花的睡莲池》［*Water Lily Pond with Irises*］，1920—1926年，苏黎世美术馆。

在对巨幅睡莲图的想法进行探索的过程中，莫奈画了他最喜欢的鸢尾花。他运用炫目的色彩，描绘从浓重的紫色阴影到日暮时水面的金色倒影。深紫色的鸢尾花外形柔软，以轻快的书法笔触完成。

司眼镜。玛瓦思给莫奈做完检查后，问他怎么还能继续作画，莫奈回答："用我的颜料管。"他解释，尽管看不到颜料是黄色还是红色，但他仍记得这两种颜料的特性："我知道我的调色板上有红颜料和黄颜料，还有一种特殊的绿颜料和某种紫颜料。我现在不能像过去那样看到它们，但我准确地记得它们能够画出怎样的色彩来。"

经过一系列不同的组合，玛瓦思给了莫奈一副合适的眼镜。同年年底，他又继续创作巨幅睡莲图了。但莫奈的左眼视力持续弱化，这影响了他的深度知觉，也让他失去了仅有的一点远视力。莫奈发现自己已无法后退几步来看清楚作品的整体效果了。

莫奈请玛瓦思到吉维尼去给自己再做一次检查。蓝视症并未消退。玛瓦思调整了镜片的验光单，提高了眼镜的精确度。然后他尝试了一个很简单的办法来解决莫奈左眼失明的问题。他用一片黑色的镜片盖住了左眼。莫奈第一次感到视力明显好转了，十分享受。

1925年7月，莫奈在等待新的眼镜，他写信给巴尔比耶："我感到好像从未像现在这样工作过，很满意这个状态，如果新眼镜效果更好的话，那我就只剩下一个愿望了，就是活到一百岁。"

治疗视力影响了莫奈巨幅睡莲图的创作进度，1923年大部分时间他都无法工作，可是到了11月时，他依然相信自己可以按时完工，截止日期是1924年4月。但是色觉的损伤让莫奈的信心受到打击，他犹豫着不敢继续画，生怕把作品毁了。最后期限已过，年底时莫奈告诉保罗·里昂他无法履行承诺了。克莱蒙梭听到消息后，暴跳如雷："我才不管你有多老、有多累呢，你是不是画家呢，你以自己的名誉为担保所做的承诺，你无权违背，这可是对祖国的承诺。"克莱蒙梭威胁说要绝交，让莫奈更加沮丧。

1925年春，想到可以有新的蔡司眼镜，莫奈恢复了信心。此外，他还跟克莱蒙梭重归于好了。那个夏天，莫奈戴上新的矫正眼镜，重新开始工作。1925年11月，他宣布，作品将于春天完工。新的一年，莫奈向克莱蒙梭承诺，第一组作品已经"整装待发"了，他正在"等待颜料变干"。但克莱蒙梭并未催促他，因为莫奈当时身体虚弱，健康状况在变坏。1926年4月4日，莫奈的朋友若弗鲁瓦去世，莫奈感到"年老体衰"。克莱蒙梭去探望他，观察道："作品都已经完成了，莫奈也不会再去碰它们了。但他没有力气把画交付出去。"

《晨柳，巨幅睡莲图》［*Morning with Willows, Grandes Décorations*］（细部），1920—1926年，巴黎橘园美术馆。

第一展室里的巨幅睡莲图展示的是一天不同时段里睡莲池的变化无常，第二展室则陪伴观赏者绕着池塘散步。全部画作中都有垂柳。弯曲的树干，随意地立着，仿佛是间距不规则的圆柱，柳条下垂，像是破旧的面纱。垂柳后面是池塘，闪耀的水面，一片无尽的倒影，在这倒影中，如镜的水面与散落着云朵的天空融为一体，成为一幅微光闪烁的画面。

夏天过去了，莫奈的食欲减退，身体消瘦，这让布兰奇很担忧。由于咳个不停，还被迫戒了烟，8月末，布兰奇强迫莫奈去看医生，X光检查显示他患有肺病，其中一个肺上有损伤。莫奈没有力气工作了，但是在布兰奇不情愿的帮助下，他销毁了至少60幅存放在画室里的画。10月，他短暂地重新打起精神，写信给里昂，说自己现在"小剂量地工作"，但是，到11月份的时候，他已经虚弱得下不了床。克莱蒙梭每周日都来看望，莫奈告诉他，自己刚刚收到了一批日本百合球茎。想到这些植物将来会变得多么美丽，莫奈心里得到些安慰，但同时他也想到了自己的命运。他对克莱蒙梭说："春天来的时候你会看到它们，我就看不到了。"

1926年12月5日，莫奈死于肺硬化，享年86岁。他想要一个安静的葬礼，不要宗教仪式和鲜花。"把我像一个本地人那样埋葬了。我的亲人们，只有你们可以走在我的棺材后面……最重要的是，记得不要鲜花或者花圈。这些都是虚荣。在这样的场合滥用我花园里的花，那真是一种不敬。"12月8日，一小列送葬者离开莫奈在吉维尼的家。莫奈的园丁们抬着棺材，将莫奈安葬在教堂墓地里欧时狄家族的坟墓中，就葬在爱丽丝的墓旁。他的遗愿得以执行，坟墓上仅仅放了一束小麦。

最后的遗产

1926年12月底，工人们把莫奈为巨幅睡莲图系列精选的22幅作品搬出他的画室。这些作品于翌年春天被安置到了橘园美术馆里。根据莫奈的要求，画布被从架子上拿了下来，直接固定在弯曲的墙面上。莫奈希望不给画作上清漆，而是以自然光线作为美术馆的主要照明光源。

1927年5月17日，举办了一个小型仪式来庆祝巨幅睡莲图的正式开放。两个展室的全景画把参观者从巴黎一下子带到了吉维尼的莫奈花园里。第一展室里，不断变化的光线照射在水面上，水面微光闪烁，一系列作品描绘的是《黄昏》、《云》、《绿色倒影》和《晨》。第二展室让人们感到青翠池边的自然风景，垂柳是最突出的主题，包括《有垂柳的睡莲池》、《两棵垂柳》和《有垂柳的明朗早晨》。莫奈终其一生都在捕捉大自然瞬间之效果，他以《巨幅睡莲图》证实了自己的信念：大自然无尽之谜与永恒之美，超越人类短暂的生命与有限的认知。

莫奈年轻的时候，埃米尔·左拉赞美他的能力，能够把他亲眼所见的生活准确描绘下来。左拉预言，莫奈对周围事物的深刻同

《橘园美术馆第二展室》[A View into the Second Room of the Orangerie]，约1930年，私人藏品。

1926年12月，莫奈去世后，《巨幅睡莲图》系列的22幅作品从他的画室运到了巴黎橘园。橘园美术馆中气氛安静，这与莫奈把放置这些巨幅睡莲图的地方想象为安宁的避难所是一致的，置身其中会想到"给人以放松感觉的静谧池水"。

情，将会一直是他艺术创作的试金石。时间证明左拉是正确的。莫奈在他自己的花园里找寻到了最重要的艺术灵感。莫奈对艺术的定义十分简单——在大自然面前表达自己的手段。他相信自己只能用画笔，而非语言，来表达对自然景观崇敬之情的终极宣言。莫奈曾试着向克莱蒙梭解释他艺术前进的动力，他鄙视所有想方设法把世界降低到知识领域的哲学。他宣称对自然现象的观察让他的感受力与世界和谐一致。"我所做的一切，"他说，"不过是把宇宙向我展示的事物看在眼里，并用画笔来作证。"

对于莫奈而言，《巨幅睡莲图》，这最后的作品，包括了他倾尽一生的观察。在"给人以放松感觉的静谧池水"中，有着艺术与自然之间共鸣的启示，莫奈穷其一生都在寻找这种共鸣，最后，他在描绘自己的花园时，终于找寻到了。

今日花园

　　莫奈生前，能去他的花园里散步是一种特殊的优待，可以一窥带给画家灵感的最隐秘的地方。但与此同时，富有洞察力的访客认出了画家的艺术视野，对莫奈而言，大自然似乎是他掌握的艺术材料，就像帆布上的颜料一样。1901年夏天，记者亚历山大·阿尔塞内拜访了吉维尼之后，评论道："不论你视线如何转移——脚步周围、头顶之上、与胸齐平，都有湖、花环和树篱围起来的花，这些花色彩和谐，既是即兴之作，又是精心准备的。这种和谐随着季节的轮转而自我更新。"今天，到莫奈花园的游客可以享受这样的自然奇景，却不会意识到，在长达数十年的时间里，这座花园都疏于打理。

　　莫奈去世后，他的儿子米歇尔继承了吉维尼的房子和土地，但是住在那里的是莫奈的继女布兰奇。从1927年到1947年布兰奇去世前，她在唯一一个园丁的帮助下，艰难地打理着植物蔓生的花园。布兰奇离世后，花园无人照料。1960年，米歇尔在一场车祸中丧生，把财产都遗赠给了国家。但是房子和花园都已破败不堪，需要一次国际筹款活动来完成修复工作。赞助人、学者、工程师和园丁通力合作，耗时20年，让过去莫奈目之所及的地方，再次开满鲜花。1980年9月，修复后的花园对公众开放，让无数慕名而来的游客分享莫奈的艺术精神。

今天，花园恢复了当年的状态。这种恢复是神似当年而非形似当年，并非把花园完全复制成莫奈在世时的样子。现今花园里的植物，虽是参照当年的照片和当年目睹过花园盛景者的回忆来挑选的，但还是做了细致的调整。很多当初的球茎和种子已无法获得。此外，还有一些改变是必要的，目的是保护地面，比如拓宽的道路用水泥和砖缘来加固。不过，莫奈眼中的景象得到了保存。现在，来自世界各地的游客带着热切的心情到此一饱眼福，享受当年莫奈和他的客人眼中的美景。

克劳德·莫奈故居和花园

克劳德·莫奈基金会，莫奈路，27620
吉维尼
电话：(0)232512821
www.fondation-monet.com
开放日期：4月1日—10月31日
开放时间：上午9:30—下午6:00
周一只对绘画者开放。

吉维尼美国艺术博物馆

莫奈路99号，27620 吉维尼
电话：(0)232519465
开放日期：4月1日—10月31日
开放时间：上午10:00—下午6:00

　　吉维尼美国艺术博物馆收藏了一批美国印象派画家的作品，这些画家在法国受到很大影响，特别是来自莫奈作品的影响。博物馆还举办特别展览以及一系列文化活动。

吉维尼花园

这些平面图展示莫奈花园和水园的布局。画家去世后，有些地方做了改动，比如从花园到水园的地下通道，但是总体保持了当年的样貌。花园里的美景转瞬即逝，却又随季节的交替周而复始，这样后世人们可以分享莫奈对于园艺的热爱。

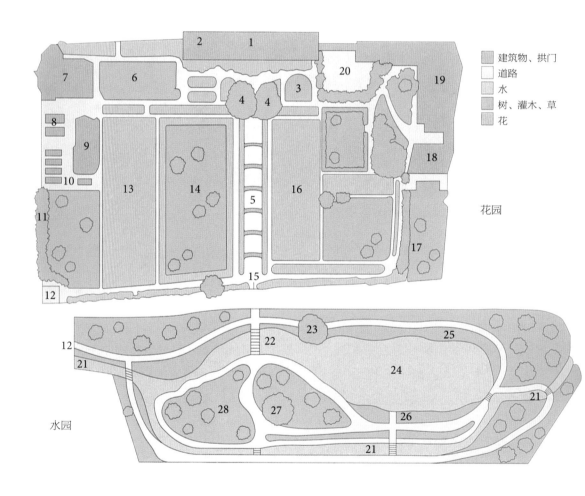

建筑物、拱门
道路
水
树、灌木、草
花

花园

水园

图例

1   房屋

2   莫奈的卧室，在第一画室上面

3   沙果树

4   两棵紫杉树

5   玫瑰拱道

6   椴树林

7   第二画室（1897）

8   小温室

9   大温室

10   温床

11   七叶树树篱

12   地下通道的入口

13   单色和多色的花坛

14   有玫瑰、果树和方形花坛的草坪

15   从前的正门

16   颜料盒花坛

17   有树墙的苹果树

18   原来主管园丁住的房子

19   第三画室（1915）

20   饲养鸡和火鸡的畜栏

21   改道后的溜河

22   爬满紫藤的日本桥

23   垂柳

24   睡莲池

25   紫藤

26   玫瑰拱门

27   紫叶山毛榉和牡丹

28   竹林

重要人物简介

阿塞纳·亚历山大［ALEXANDRE, ARSÈNE］（1859—1937）

法国作家、艺术史家，在多篇文章以及一部创作于莫奈在世期间的书中表达了对莫奈的大力支持。

弗雷德里克·巴齐耶［BAZILLE, FRÉDÉRIC］（1841—1870）

法国画家，与莫奈、雷诺阿、西斯莱一起在格莱尔画室学习。巴齐耶与莫奈是至交。他在普法战争期间的一次战斗中牺牲。

若斯·贝尔南-热纳［BERNHEIM-JEUNE, JOSSE］（1870—1941），加斯顿［GASTON］（1870—1953）

法国艺术商，他们的巴黎画廊在20世纪早期专门经营印象派和后印象派的画作。除丢朗-吕厄外，贝尔南-热纳画廊也代理莫奈的作品。

欧仁·布丹［BOUDIN, EUGÈNE］（1824—1898）

法国海景画家，在莫奈的创作生涯早期，鼓励他到室外作画。他参加了1874年印象派的首次画展。

约翰·莱斯利·布瑞克［BRECK, JOHN LESLIE］（1860—1899）

美国画家，曾在吉维尼居住和创作过一段时间，并与莫奈一家建立友谊。

菲利克斯·布勒伊［BREUIL, FÉLIX］

莫奈的主管园丁，一篇关于鸢尾花种类文章的作者。他于19世纪80年代起到吉维尼，为莫奈工作直到一战结束。

西奥多·巴特勒［BUTLER, THEODORE］（1861—1936）

《绿色的倒影，巨幅睡莲图》［Green Reflections, Grandes Décorations］（细部），1920—1926年。

美国画家，定居吉维尼，并与莫奈一家熟识。1892年，他与莫奈的继女苏珊·欧时狄结婚。在苏珊去世后，1900年，他与苏珊的姐姐玛尔特结婚。

古斯塔夫·卡耶博特［CAILLEBOTTE, GUSTAVE］（1848—1894）

法国画家、收藏家，购买印象派画作。莫奈的密友之一，两人都热爱园艺。

玛丽·卡萨特［CASSATT, MARY］（1845—1926）

美国画家，1874年在巴黎永久定居。与埃德加·德加的邂逅将她带入了印象派的圈子。她是唯一一位在印象派画展上展出作品的美国人。

保罗·塞尚［CÉZANNE, PAUL］（1839—1906）

法国画家，19世纪晚期重要的艺术人物之一。他曾到吉维尼拜访莫奈。

乔治·克莱蒙梭［CLEMENCEAU, GEORGES］（1841—1929）

出版商、政治家，1881年创办《正义报》，1906—1909年与1917—1920年期间担任法国总理。19世纪80年代开始，克莱蒙梭与莫奈成为朋友，两人都热爱园艺。克莱蒙梭促使莫奈的巨幅睡莲图获得了国家赞助。

卡米耶-莱奥妮·汤希尔［DONCIEUX, CAMILLE-LÉONIE］（1847—1879）

莫奈第一任妻子，1870年与莫奈结婚，生了两个儿子，分别是让和米歇尔。自从两人相识，卡米耶就一直是莫奈的模特，出现在《花园里的女士们》（1866—1867）、《艺术家在阿让特伊的家》（1873）等作品里。

保罗·丢朗-吕厄［DURAND-RUEL, PAUL］（1831—1922）

法国巴黎的艺术商，一直是莫奈作品的代理商。他组织了多次莫奈的主要画展，包括1886年在纽约市美国艺术馆举办的画展，该次画展将莫奈的作品推向美国公众。丢朗-吕厄的两个儿子乔治和约瑟夫也加入了他经营的生意。

弗雷德里克·卡尔·弗利西科［FRIESEKE, FREDERICK CARL］（1874—1939）

美国画家，在吉维尼居住长达14年时间。尽管他租住的房子与莫奈相邻，但却没有任何记录表明两人曾有过接触。

古斯塔夫·若弗鲁瓦［GEOFFROY, GUSTAVE］（1855—1926）

法国作家、艺术评论家，与莫奈长期保持亲密友谊，两人都热爱园艺。1922年出版了一本莫奈的授权传记。

查尔斯·格莱尔 [GLEYRE, CHARLES] （1808—1874）

画家，生于瑞士，大部分时间生活在巴黎。他经营一家私人画室，他的很多学生后来成了印象派大师，包括巴齐耶、莫奈、雷诺阿和西斯莱。

安藤广重 [HIROSHIGE, ANDO] （1797—1858）

日本画家，浮世绘最后一代大师，莫奈收藏了他的作品。

葛饰北斋 [HOKUSAI, KATSUSHIKA] （1760—1849）

日本画家、版画复制匠、图书插画家，浮世绘流派。莫奈收藏了他的作品。

爱丽丝·欧时狄-莫奈 [HOSCHEDÉ-MONET, ALICE] （？1844—1911）

本名爱丽丝·兰高 [Alice Raingo]，嫁给欧内斯特·欧时狄，生了6个孩子。欧内斯特·欧时狄破产后，一家人投奔莫奈。爱丽丝帮助照料莫奈的妻子卡米耶。卡米耶去世后，她成了莫奈的生活伴侣。1892年，欧时狄去世，爱丽丝成了莫奈第二任妻子。

布兰奇·欧时狄-莫奈 [HOSCHEDÉ-MONET, BLANCHE] （1865—1947）

莫奈第二任妻子爱丽丝的二女儿。她是位技艺精湛的外光派画家，嫁给了莫奈的大儿子让。

欧内斯特·欧时狄 [HOSCHEDÉ, ERNEST] （1837—1892）

百货公司老板，委托莫奈为他在蒙日宏的庄园绘制装饰性的板面油画。欧时狄挥霍无度，入不敷出，最终破产。之后向莫奈求助。

热尔蔓·欧时狄-萨勒胡 [HOSCHEDÉ-SALEROU, GERMAINE] （1873—1969）

莫奈第二任妻子爱丽丝的小女儿。

雅克·欧时狄 [HOSCHEDÉ, JACQUES] （1869—？）

莫奈第二任妻子爱丽丝的大儿子。

让-皮埃尔·欧时狄 [HOSCHEDÉ, JEAN-PIERRE] （1877—

1961）

莫奈第二任妻子爱丽丝的小儿子，回忆录《克劳德·莫奈，不为人知的事》的作者。

玛尔特·欧时狄-巴特勒［HOSCHEDÉ-BUTLER, MARTHE］
（1864—? ）

莫奈第二任妻子爱丽丝的大女儿。在妹妹苏珊过世后，玛尔特嫁给了妹夫西奥多·巴特勒。

苏珊·欧时狄-巴特勒［HOSCHEDÉ-BUTLER, SUZANNE］
（1868—1899）

莫奈第二任妻子爱丽丝的第三个女儿。她嫁给了西奥多·巴特勒，生了两个孩子——詹姆斯生于1893年，爱丽丝（大家都叫她莉莉），生于1894年。所有的继女里，莫奈最喜欢让苏珊给自己当模特。

史蒂芬·马拉美［MALLARMÉ, STÉPHANE］（1842—1898）

象征主义诗人，与多位印象派画家成为密友，包括雷诺阿、埃德加·德加、贝尔特·莫里索和莫奈。

爱德华·马奈［MANET, ÉDOUARD］（1832—1883）

法国画家，其对待当代绘画题材坦率、直接的方式对印象派有着深远的影响。马奈从不参加印象派的画展，但他跟莫奈建立了紧密的联系，特别是他在阿让特伊的时候，莫奈建议他到室外作画。

罗杰·马克思［MARX, ROGER］（1859—1913）

记者和艺术收藏家，对于推动评论界接受塞尚的作品起到重要作用，也是莫奈晚年系列画，特别是"睡莲"系列的坚决拥护者。

奥克塔夫·米尔博［MIRBEAU, OCTAVE］（1848—1917）

小说家和剧作家。米尔博经常到莫奈在吉维尼的家中做客，两人都热爱园艺。

克劳德-阿道夫·莫奈［MONET, CLAUDE-ADOLPHE］（1800—? ）

莫奈的父亲，在勒阿弗尔郊区的安谷韦尔做生意，规模不大。

让·莫奈［MONET, JEAN］（1867—1914）

莫奈的长子。1897年与布兰奇·欧时狄结婚。

米歇尔·莫奈［MONET, MICHEL］（1878—1966）

莫奈的次子。

莉拉·卡博特·佩里［PERRY, LILLA CABOT］（1848—1933）

美国画家，她和家人在吉维尼居住过一段时间，并与莫奈一家建立了持久的友谊。

卡米耶·毕沙罗［PISSARRO, CAMILLE］（1830—1903）

法国画家，印象派主要成员之一，参与了印象派的全部8次画展。1871年，毕沙罗在伦敦认识了莫奈，并把他介绍给保罗-丢朗-吕厄。

马塞尔·普鲁斯特［PROUST, MARCEL］（1871—1922）

法国作家，重要的文学人物。

皮埃尔·奥古斯特·雷诺阿［RENOIR, PIERRE AUGUSTE］（1841—1919）

法国画家，印象派主要成员之一。雷诺阿参加了印象派的前3次画展。他在格莱尔画室学习，结识了西斯莱和莫奈。雷诺阿与莫奈一直保持联系，两人时常一起作画。

西奥多·罗宾逊［ROBINSON, THEODORE］（1852—1896）

美国画家，曾在吉维尼居住和创作过一段时间，与莫奈建立了亲密的友谊。

约翰·辛格尔·萨金特［SARGENT, JOHN SINGER］（1856—1925）

美国画家，成功的上流社会肖像画家。他在巴黎结识了莫奈，并到吉维尼拜访莫奈，在吉维尼实验外光画法。

阿尔弗雷德·西斯莱［SISLEY, ALFRED］（1839—1899）

印象派画家，生于法国，父母是英国人。与雷诺阿、莫奈一起在格莱尔画室学习，跟莫奈一直保持亲密友谊。

埃米尔·左拉［ZOLA, ÉMILE］（1840—1902）

法国小说家，热衷于社会改革。19世纪60、70年代，左拉是一位直言不讳的艺术评论家，也是最早公开支持莫奈的人，两人的友谊一直维持。

精选书目

A Day in the Country: Impressionism and the French Landscape. Exh. cat. Los Angeles: Los Angeles County Museum of Art, 1984.

GERDTS, WILLIAM H. *Lasting Impressions: American Painters in France 1865–1915.* Exh. cat. Evanston, Illinois: Terra Foundation for the Arts, 1992.

GERDTS, WILLIAM H. *Monet's Giverny: An Impressionist Colony.* New York: Abbeville Press, 1993.

GOMES, ROSALIE. *Impressions of Giverny: A Painter's Paradise 1883–1914.* San Francisco: Pomegranate Art-Books, 1995.

HOUSE, JOHN. *Monet: Nature into Art.* New Haven and London: Yale University Press, 1986.

MAYER, STEPHANIE. *First Exposure: The Sketchbooks and Photographs of Theodore Robinson.* Giverny: Musée d'Art Américain, Giverny/Terra Foundation for the Arts, 2000.

MICHELS, HEIDE and GUY BOUCHE. *Monet's House: An Impressionist Interior.* London: Frances Lincoln, 1997.

Monet: A Retrospective (ed. Charles F. Stuckey). New York: Hugh Lauter Levin Associates, Inc., 1985.

Monet by Himself: Paintings, drawings, pastels, letters (ed. Richard Kendall). Boston: Little Brown and Company, 1989.

Monet's Years at Giverny: Beyond Impressionism. Exh. cat. New York: Metropolitan Museum of Art, 1978.

ORR, LYNN FEDERLE. *Monet: Late Paintings of Giverny from the Musée Marmottan*. Exh. cat. San Francisco: San Francisco Fine Arts Museums, 1994.

REWALD, JOHN. *The History of Impressionism*. New York: The Museum of Modern Art, 1973.

RUSSELL, VIVIAN. *Monet's Garden: Through the Seasons at Giverny*. London: Frances Lincoln, 1995.

RUSSELL, VIVIAN. *Monet's Water Lilies*. London: Frances Lincoln, 1998.

SAGNER-DUCHTING, KARIN. *Monet at Giverny*. Munich: Prestel, 1999.

STUCKEY, CHARLES F. *Claude Monet 1840–1926*. Exh. cat. Chicago: The Art Institute of Chicago, 1995.

STUCKEY, CHARLES F. *Monet: Water Lilies*. New York: Hugh Lauter Levin Associates, Inc., 1988.

TUCKER, PAUL HAYES. *Monet at Argenteuil*. New Haven and London: Yale University Press, 1982.

TUCKER, PAUL HAYES. *Claude Monet: Life and Art*. New Haven and London: Yale University Press, 1995.

TUCKER, PAUL HAYES. *Monet in the '90s. The Series Paintings*. Exh. cat. Boston: Museum of Fine Arts, 1989.

TUCKER, PAUL HAYES. *Monet in the 20th Century*. Exh. cat. New Haven and London: Yale University Press, 1998.

WILDENSTEIN, DANIEL. *Monet. Catalogue Raisonné*. 4 vols. Cologne: Benedikt Taschen, 1996

致谢

图片致谢

出版社已竭尽全力联系每一位作品版权所有者。任何未能联系到的版权所有者欢迎与出版社联系，以便再版时将致谢补充完整。感谢以下机构和个人允许出版社复制画作及档案照片，并为本书提供照片。

akg, London: 14–15; 125; 116–117; 122–123

akg, London / Erich Lessing: 61; 152; 144–145; 146–147; 148–149

Archives of American Art, Smithsonian Institution (Lilla Cabot Perry Papers 1898–1909): 48; 52

Archives Toulgouat/ARTEPHOT, Paris: 93

The Art Institute of Chicago (photographs courtesy of The Art Institute of Chicago): 21 (Mr and Mrs Martin A. Ryerson Collection, 1933.1153); 70 & 76–77 (Mr and Mrs Martin A. Ryerson Collection, 1933.1157)

Bridgeman Art Library: 97 (Los Angeles County Museum of Art); 98; 105 (Rafael Valls Gallery, London); 108–109 (National Academy of Design, New York); 126–127 (Rafael Valls Gallery, London); 115 (Victoria and Albert Museum, London)

Bridgeman Art Library/Roger-Viollet, Paris: 13; 60; 135; 155

Foundation E.G. Bührle

Collection: 37

© Christie's Images Ltd 2001: 44; 112

Corbis Sygma: 12; 78

Dallas Museum of Art: 1 & 84 (gift of the Meadows Foundation Incorporated); 72 (private collection)

Courtesy George Eastman House: 127 above; 142

Giraudon: 29; 34 & 40–41; 138–139; 141

© 2001 Kunsthaus Zürich. All rights reserved: 150–151

Los Angeles County Museum of Art: 57 (Mrs Fred Hathaway Bixby Bequest). Photograph © 2000 Museum Associates/ LACMA

The Metropolitan Museum of Art: 26 (bequest of Joan Whitney Payson, 1975. (1976.201.14) Photograph © 1990 The Metropolitan Museum of Art); 30 (The Walter H. and Leonore Annenberg Collection, Partial Gift of Walter H. and Leonore Annenberg, 2000. (2000.93.1)

Photograph © 1994 The Metropolitan Museum of Art)

Musée d'Art et d'Histoire Marcel-Dessal, Dreux: 134

Musée Clemenceau, Paris: 136

Courtesy Museum of Fine Arts, Boston (reproduced with permission. © 2001 Museum of Fine Arts, Boston. All Rights Reserved): 55 (gift of Dr G.S. Amsden); 74–75 (gift of Edward Jackson Holmes, 39.804); 80–81 (bequest of Alexander Cochrane, 19.170)

© 2001 Board of Trustees, National Gallery of Art, Washington: 22–23 (partial gift of Janice H. Levin, in honour of the 50th anniversary of the National Gallery of Art); 32–33 (Ailsa Mellon Bruce Collection); 62–63 (gift of Victoria Nebeker Coberly, in memory of her son John W. Mudd, and Walter H. and Leonore Annenberg)

© National Gallery, London: 119

The Nelson-Atkins Museum of Art, Kansas City, Missouri: 143 (purchase: Nelson Trust)

Österreichische Galerie Belvedere, Vienna: 48–49

Philadelphia Museum of Art: 58 (Mr and Mrs Carroll S. Tyson, Jr., Collection) © Collection Philippe Piguet: 36; 87; 124 (photo André Arnyvelde)

Phoenix Art Museum: 128 (gift of Mr and Mrs Donald D. Harrington)

Private Collection: 6

© Photo RMN – André Arnyvelde: 127 below

© Photo RMN – Hervé Lewandowski: 16; 24–25; 47; 64–65

Vivian Russell: 157

Scala, Florence: 133

Sotheby's Picture Library: 53; 66–67; 82

© Sterling and Francine Clark Art Institute, Williamstown, Massachusetts, USA: 38

Sunset Publications, Tokyo: 46

© Tate, London 2001: 90–91

Terra Foundation for the Arts, Daniel J. Terra Collection (photographs courtesy of the Terra Museum of American Art, Chicago): 110 (1999.106); 88 & 106–107 (1999.55); 100–101 (1999.127); 92 (1999.18); 95 (1988.22)

Terra Museum of American Art, Chicago (photograph courtesy of the Terra Museum of American Art, Chicago): 43 (gift of Mr Ira Spanierman, c1985.1.6); 103 (gift of Mr Ira Spanierman, c1985.1.25)

Virginia Museum of Fine Arts, Richmond: 121 (the Adolph D. and Wilkins C. Williams Fund). Photo Wen Hwa Ts'ao © Virginia Museum of Fine Arts

Wadsworth Atheneum, Hartford (bequest of Anne Parrish Titzell): 9; 79

作者致谢

本书有幸得到了诸多帮助与鼓励，我愿借此机会表达谢意。感谢弗朗西斯·林肯有限责任公司，特别是凯里·史密斯发起本项目，并给予监督；苏·格莱德斯顿编辑了本书的图片，这项任务需要毅力与创造力；弗朗西斯·林肯提供了亲切的帮助。也感谢汤姆·阿姆斯特朗的协助。向编辑本书手稿的吉尼·约翰逊表示深深的感谢，本书的创作过程自始至终都离不开她热情洋溢的鼓励。

我要感谢芝加哥特拉美国艺术博物馆的全体工作人员，特别是谢利·罗曼·阿贝勒拉，感谢吉维尼美国艺术博物馆馆长德里克·R. 卡特赖特。还要感谢芝加哥艺术学院弗拉克斯曼图书馆的全体工作人员，特别是罗兰·汉森。感谢芝加哥哥伦比亚学院图书馆的全体工作人员，尤其是拉里·欧博克。一如既往地感谢芝加哥纽伯里图书馆对我的支持，接纳我作为驻馆学者，成为其一分子。特别感谢芝加哥艺术博物馆欧洲绘画部的大卫与玛丽·温顿·格林策展人格洛瑞亚·格鲁姆，在我需要的时候，她总是乐于提供帮助。

感谢我的家人和朋友们对我的耐心、宽容和鼓励。向我的母亲埃莉诺·R. 曼考夫表达最深的感谢，您永远在我需要的时候，倾听我的诉说；还有我的父亲，您热爱花卉，赞美莫奈，对我有深远的影响，在这个项目开始之前，我就已经在您的影响下与艺术、与莫奈结缘了。感谢我的朋友们，安·M. 布里佐赖拉、杰伊·弗雷、保拉·卢普金、萨拉·H. 玛尔格松和安德鲁·J. 沃克，感谢你们给我鼓舞，让我保持精神振奋。特别感谢总是积极热心与我分享深刻见解的保罗·B. 亚什科和迈克尔·海尔斯。也感谢吉尼·约翰逊和约翰·波特。我们结伴前往吉维尼，旅途十分愉快。感谢吉尼拍摄了精美的照片，约翰找寻到了重要的地点。最后，我想向在伦敦热情接待我的比·汤普森表达谢意。对我而言，置身于她的花园之中，就像是回到了自己的家，我愿把这本书献给她。

黛布拉·N. 曼考夫
2000年6月于芝加哥